إتقان التأثير ـ الأسرار المظلمة للإقناع والتحكم في العقل

نُشر هذا النص في الأصل في الهند عام 2023.
تخضع تعديلات وتخطيط هذا الإصدار لحقوق الطبع والنشر © 2023
بواسطة أنا جي ناياك

هذا المنشور ليس له أي علاقة بالمؤلف الأصلي أو شركة النشر.

إتقان التأثير ـ الأسرار المظلمة للإقناع والتحكم في العقل

أنا جي نایاك

الهند
2023

محتويات

الفصل الأول: تاريخ التلاعب العقلي

اللغة والفكر مرتبطان بشكل لا ينفصم. اقترح أفلاطون، الفيلسوف اليوناني القديم، أننا لا نختبر الواقع إلا من خلال اللغة؛ اعتبر فيلهلم فون هومبولت اللغة أساس الفكر؛ تم إضفاء الطابع الرسمي على هذه الأفكار في التي تؤكد أن بنية اللغة تؤثر على كيفية تفكير المتحدثين. ومن الأمثلة الواضحة على Sapir-Whorf فرضية ذلك كيف يؤثر عدد الكلمات المتاحة لتمييز الألوان على كيفية إدراك المتحدثين للألوان ـ وهذا المفهوم القائل بأن الكلمات المحدودة تحد من الاختيارات المعرفية وتوجهها هو شيء يستخدمه المتلاعبون المؤثرون لصالحهم بينما يقودونهم إلى هذا المسار الفكري وهو أمر بالغ الأهمية ومعتمد على نطاق واسع مع مرور الوقت من قبل فلاسفة مثل همبولت كذلك.

كان كتاب جورج أورويل 1984 كتابًا مؤثرًا سلط الضوء على الهيئات الحاكمة الفاشية التي تستخدم الاستراتيجيات الخطابية كجزء من حكمها، وتعمل بقوة متلاعبة على قدم المساواة مع أي نرجسي أناني أو معتل اجتماعيًا نزيهًا. يستمر تدريس هذا الكتاب في المدارس الأمريكية وكان من أعظم آثاره الكشف عن باعتبارها اللغة الحكومية Newspeak كيفية حدوث التلاعب باللغة؛ على وجه التحديد من خلال تقديم لغة المفضلة. تسمح اللغة الجديدة للسلطات بتغيير المفاهيم الأساسية وتصورنا للواقع من خلال تقييد استخدام اللغة. الأشخاص الذين يستخدمونه لا يدركون سوى أمور معينة بينما يهملون أو لا يعالجون كل ما قد يعتبر غير مناسب. ببساطة، تحدد اللغة الجديدة الواقع لمواطنيها من خلال تقييد اللغة. كامتداد، تصبح الفردية شبه مستحيلة عندما تقيد اللغة خيارات الكلام للتعبير عن الذات ـ يتم تبسيط الصفات على سبيل المثال إلى صفات غير مواتية تمنع الأفراد من التعبير عن أفكار دقيقة حول أي شيء خارج نطاق فهمهم وتمنع التعبير عن الأفكار الدقيقة بحرية. وهذا يسمح للحكومة بإعادة صياغة الواقع كما يراه رعاياها من خلال تعريفات ضيقة تحد من الخيارات المتاحة للتعبير عن الذات ـ على غرار الطريقة التي تقيد بها الأحزاب السياسية في كثير من الأحيان خيارات التعبير مما يحد من الخيارات التي تعيد صياغة الواقع لجميع المعنيين. ويستخدمون الكلمات لخلق تفكير مستقطب وإضافة طبقات من التفسير داخل الكلمات نفسها، مثل تسمية اللقاءات الجنسية بـ "جريمة جنسية". وعلى الجانب الآخر من تلك العملة توجد معسكرات العمل القسري التي تسمى "معسكرات الفرح"، مما يشير إلى صفات إيجابية لما ينبغي أن يكون تجربة سلبية ـ وكلها مصممة لضمان الطاعة. يمتد هذا التكتيك أيضًا إلى الفروع الحكومية التي يتم تسميتها لهذه الأغراض: تقوم وزارة الحب بفرض القوانين وفرض العقوبات بينما تشن وزارة السلام الحرب بينما تعمل وزارة الحقيقة كذراع دعائي لفروعها ـ مما يمنحها المصداقية داخل صفوفها.

هناك الكثير من الأمثلة على المسؤولين الحكوميين الذين يستخدمون استراتيجيات إعادة الصياغة لصالحهم. خلال الانتخابات الرئاسية الأمريكية لعام 2016، تصدر المرشح دونالد ترامب عناوين الأخبار عندما أعاد تعريف "الأخبار المزيفة"، وهي تسمية تُطبق عادةً على المواقع التي تنشر قصصًا كاذبة عبر وسائل التواصل الاجتماعي، للإشارة إلى مصادر الأخبار السائدة الفعلية بدلاً من ذلك. من المؤكد أن إعادة تصنيف مصادر الأخبار الفعلية على أنها أخبار مزيفة كان لها دلالات جديدة. عندما يستخدم الفاعلون السياسيون عبارات جذابة تمجد جانبهم أو تشوه سمعة الآخر، فإن محاولاتهم للتلاعب الخطابي تستخدم تقنيات الدعاية في محاولة للحد من الخيارات المعرفية داخل جمهورهم ومحاولة الحد من الخيارات المعرفية المتاحة لأفراد جمهورهم.

ما الذي يمكن استخدام هذه الأدوات فيه في العلاقة أو في مكان العمل؟ لقد رأينا بالفعل أمثلة في سلسلة الله والشيطان والكاريزما. قد تكشف الاختيارات البلاغية عن إجابة لم تُقال بعد.

يستخدم المعتلون اجتماعيًا والمرضى النفسيون والنرجسيون وأنواع الشخصيات المنحرفة المماثلة العديد من التكتيكات اللغوية للحصول على اليد العليا في أي مفاوضات ينخرطون فيها مع ضحاياهم. سيحاولون إرباك أهدافهم أو إرباكهم أو إحباطهم من أجل ممارسة السيطرة عليهم ـ أحد التكتيكات المستخدمة هو التلاعب باللغة ـ لذلك قد يكون من المفيد مراجعة اختيارات الكلمات النموذجية والأطر البلاغية لبعض هذه الشخصيات المتلاعبة من مناقشتنا السابقة؛ سنركز أيضًا على كيفية تطبيق هذه التكتيكات في مواقف حقيقية تتعلق بالضحايا بينما نتحدث عن استراتيجيات الحل الممكنة عند مواجهة شخص مشابه يستخدم التلاعب باللغة ضد ضحية أخرى ـ سنركز على مناقشة الشكل الذي قد يبدو عليه هذا الأمر؛ سنناقش بشكل عام مدى فعالية هذه التكتيكات ضد جميع الأطراف المعنية؛

يمكن لتقنيات الاتصال المستخدمة غالبًا في العلاقات الشخصية أن تنتقل إلى مواقف العمل أيضًا

ابدأ هنا لفهم بعض العبارات الرئيسية التي يستخدمها المعتلون اجتماعيًا ـ أولئك الذين لديهم شخصيات منفصلة عاطفيًا وقادرة على السعي لتحقيق المصلحة الذاتية على حساب الآخرين، وغالبًا ما يتهمون خصومهم بالمبالغة في رد الفعل ـ عند مناقشة المواقف معهم. غالبًا ما يستخدم المعتلون اجتماعيًا والمرضى النفسيون على حد سواء عبارات مثل هذه لتحويل التركيز بعيدًا عن أي مشكلة أو موقف وإلقاء العبء على الضحية أنفسهم، مما يدفعهم إلى الاعتقاد بأن كل ما كان مزعجًا لم يكن مشكلة كبيرة في المقام الأول. كثيرًا ما يستخدم المعتلون اجتماعيًا هذا التكتيك كوسيلة فعالة لإنهاء المحادثات بسرعة وإبطال مشاعر أهدافهم. شكل بديل من أشكال الإبطال يتضمن إخبار الضحية بأنهم سخيفون؛ شكل آخر من أشكال الرفض مع حكم ضمني أكثر. ليس فقط أنك مخطئ أو تبالغ في رد فعلك؛ أنت أيضًا تتصرف بطريقة غير منطقية ـ يمكن قول الكثير ببضع كلمات فقط!

يستخدم المرضى النفسيون أساليب مماثلة، مع تعديلات طفيفة. قد يتهمك المرضى النفسيون بـ "المبالغة في التحليل"، وهي استراتيجية فعالة تستخدم لزعزعة استقرار المواقف بسرعة. سيحاول المصابون بالذهان في كثير من الأحيان إرباك أهدافهم من خلال الإشارة إلى أنهم قد يصابون بالجنون أو يبتعدون عن الروك. عندما ترد على هذه المحاولات، فإنها ببساطة ستغلها بتهمة المبالغة في التحليل ـ وكلها مصممة لجعلك تتساءل عما إذا كانت افتراضاتك صحيحة بالفعل بشأن كل شيء. قد ينسحب المرضى النفسيون، متهمينك بخلق "دراما". ومرة أخرى، يعمل هذا التكتيك على قلب الطاولة. حتى عندما تكون مشاعرك بالظلم مبررة، فسوف يعيدون صياغتها كشيء لا يتماشى مع الواقع ويحاولون تشويهه كجزء من الحجة. الذهانيون هم خبراء في الإضاءة الغازية ـ وهي تقنية منتشرة بشكل متزايد. كلا التقنيتين السابقتين تتطرقان إلى هذه المسألة؛ ولكن مع الإضاءة الكاملة، سيدعي المريض النفسي أنه لم يقل أبدًا ما تعرف أنه قاله؛ نظرًا لأن المرضى النفسيين قادرون على القيام بسلوكيات معقدة، فيمكنهم حتى تنفيذ هذا السلوك بنجاح أكبر مما يرغب أي منا إن خداع أنفسهم والآخرين بمهارة لتصديق أقوالهم الكاذبة غالبًا ما يكون كافيًا لإرسال موجات صادمة إلى الضحايا، مما يدفعهم إلى الشك في حواسهم وربما حتى في عقلهم.

سوف يستخدم النرجسيون عبارات مثل، "لم أشعر بهذا من قبل" للمبالغة في الروابط بينهم وبين ضحاياهم، ولكن في نفس الوقت يستخدمون هذا لتأسيس سيطرة مستقبلية واهتمام اتكالي منهم. هذا التكتيك لا يجعل الضحية تشعر بالرضا عن نفسها فحسب، بل هو مجرد خطوة نحو مزيد من السيطرة والاعتماد المتبادل في العلاقات المستقبلية. غالبًا ما يُسقط النرجسيون نقاط ضعفهم على الأشخاص الأقرب إليهم ويستخدمون هذا التكتيك عندما لا تسير الأمور كما يريدون ـ وفي هذه الحالة قد يعني ذلك اتهام شريكهم بالجنون أو السيطرة. عندما لا تسير الأمور كما هو مخطط لها فإنهم يستخدمون مثل هذه الاتهامات ضد شريكهم كوسيلة ضغط ضدهم ـ مثال على الإسقاط. يميل النرجسيون إلى السيطرة والإصابة بجنون العظمة؛ ومن خلال إبراز هذه

الصفات على الآخرين، قد يجعلون أنفسهم يشعرون بالتحسن بينما يزعزعون استقرار الشريك. قد يكون هناك تكتيك آخر يشير إلى أن هذا المتلاعب لم يواجه هذه المشكلة من قبل مع أي شخص آخر؛ يساعد هذا في إعادة الصياغة بحيث تكون أنت وحدك المسؤول.

في كل من الأمثلة المعروضة أعلاه، قد تتضمن إعادة الصياغة البلاغية أيضًا لغة تعمل على دفع حجتك في اتجاه أو آخر ـ يمكن لكلمات مثل سخيفة أو مصابة بجنون العظمة أو دراما أن تحمل وزنًا أكبر مما تدرك. من الناحية الفكرية، قد تعلم أن هذا كاذب، ولكن من الصعب مقاومة اتهامك بخلق الدراما بينما تشعر بالانزعاج في الواقع. ومن المفترض أن يكون توسيع نطاق هذه التقنيات لتشمل سيناريوهات أخرى فعالاً. في العمل، يمكن لأي زميل في العمل أو مدير لديه شكاوى مشروعة ضد موظف يعاني من أحد هذه الانحرافات الشخصية أن يجد بسهولة شكاواه وقد أعيدت صياغتها على أنها مصابة بجنون العظمة أو الإدارة التفصيلية، أو "لقد كنت أقوم بهذا العمل لسنوات دون أن أسمع هذه الشكاوى من قبل". مما يوحي بأن شكاواهم قد تكون هي المشكلة.

هذه أمثلة نموذجية لكيفية استخدام المعتلين اجتماعيًا والمرضى النفسيين والنرجسيين للغة للتلاعب. على الرغم من أن الكلمات الفردية قد تختلف حسب من يتحدث.
في ظل أي موقف معين، تكشف هذه الأمثلة مدى استخدام الأفراد الأقوياء للاستراتيجيات القائمة على اللغة للحصول على النفوذ في المواقف المختلفة.
التواصل هو أداة

مثل أي أداة، يمكن استخدام الاتصال لأغراض مختلفة. للمطرقة استخدام رئيسي واحد ـ وهو دق المسامير في الجدران؛ تؤدي نهايته المخلبية وظيفة إضافية ـ وهي سحب المسامير. تعمل هاتان الوظيفتان من الأدوات جنبًا إلى جنب، وغالبًا ما تكون مشاريع البناء هي الغرض الرئيسي الذي تم تصميمها من أجله. يمكن أيضًا استخدام المطرقة بشكل مدمر ـ فكسر النوافذ أو استخدامها على رأس شخص ما كأسلحة كلها خيارات ممكنة على الرغم من أنها لم تكن المقصودة في الأصل، ولكن وظيفتها تغيرت ببساطة اعتمادًا على من يستخدمها ـ.

قد يتساءل البعض متى يتحول التواصل إلى التلاعب وكأن التواصل موجود على نطاق واسع. هذه ببساطة ليست الطريقة التي يعمل بها التواصل! لا يتحول التواصل إلى التلاعب تلقائيًا عندما يتمادى المرء في اتجاه واحد، بل يعمل التواصل كأداة لمحاولة التأثير. يعتمد كل اتصال فعال، وخاصة الحوارات الرسمية، على الأدوات البلاغية. بغض النظر عن عدد أو أي منها تستخدمه لتحقيق أهداف الاتصالات المحددة لنفسك، فإن استخدامها لن يضعك على الطريق نحو أن يُنظر إليك على أنك متلاعب. التواصل الفعال لتحقيق أهداف إيجابية أو إيثارية هو على وجه التحديد: فعال. وقد فهم اليونانيون ذلك، حيث رأوا أن الحجة الفعالة هي مؤشر للحقيقة. إذا كان البائع أو الطبيب يحترم رغباتك ويتصرف وفقًا لها، فلن ترقى حججهم إلى مستوى التلاعب. حتى لو أقنعوك بالخضوع لعملية جراحية منقذة للحياة على الرغم من مخاوفك بشأن الجراحة، طالما تم تقديم حججهم لذلك بأمانة.

فإذا كان التلاعب لا يعتمد على الدرجات، فمتى يتحول التواصل إلى التلاعب؟ تكمن الإجابة في الدافع ـ مثل استخدام المطرقة كمثال: بمجرد استخدامها لأي غرض آخر في الاعتبار تصبح أداة أو سلاحًا هجوميًا. الاتصالات تعمل بالمثل. لا يحدث التلاعب عند عتبة معينة من التقنيات المستخدمة أو فعالية استخدامها؛ بل يحدث التلاعب عندما يتم استخدامه بشكل غير عادل لخداع أو تعزيز أجندة تعرض هدف الاتصال للخطر. مثلما يمكن أن يكون التواصل فعالاً وغير فعال، كذلك يمكن أن يكون التلاعب. بعض الأفراد ببساطة غير فعالين في ذلك، في حين أن بعض الجماهير أصبحت ماهرة في التعرف عليه. إذا اقترب منك شخص ما في الشارع محاولًا التلاعب، وفشل في إقناعك بخلاف ذلك، فما عليك سوى تجنبه عن طريق الابتعاد؛ هل هذا

يعني أنهم لم يحاولوا؟ لا! ما كان الرجل المحتال ينخرط فيه لم يكن التواصل المباشر أو الإقناع الصادق، بل حاول التلاعب لكنه فشل فشلاً ذريعًا. في بعض الأحيان، يتطلب استخدام تقنيات متطابقة للإقناع أو التلاعب تغيير متغير واحد فقط: دافع المتحدث. وفي حالات أخرى، قد تكون التقنيات نفسها تلاعبية بطبيعتها؛ مثل تلك التي ناقشناها في القسم الأخير. أي شكل من أشكال الخداع أو التلاعب هو بطبيعته تلاعب. حتى لو كانت نواياك جيدة، فحتى مع وجود تكتيكات عادلة وفعالة، ستظل منخرطًا في التلاعب على مستوى ما. في بعض الأحيان قد يكون لديك بالفعل شكل من أشكال النتائج الإيجابية في ذهنك؛ ومع ذلك، فإن استعدادك للكذب يكشف عن دافع خفي. إن الرغبة في التضليل هي في حد ذاتها دافع خفي. يمكن أن يصبح هذا الأمر معقدًا، لذا دعونا نبقي هذا واضحًا: عندما يكون دافعك للنتيجة والتكتيكات إيجابيًا وعادلاً، يمكننا تصنيف تواصلك على أنه إقناع. في أي وقت تكون فيه رغبتك هي إيذاء نفسك أو التقدم فوق هدفك، أو التضليل أو اللعب غير العادل مع الاتصالات بأي شكل من الأشكال، أو اللعب غير العادل مع الاتصالات، فإن ذلك يصل إلى حد يمكن تعريفه على أنه تلاعب.

الفصل الثاني: مقدمة في علم النفس المظلم

قبل مناقشة كيفية عمل علم النفس المظلم وأساليبه ضدك، من الضروري أن نفهم أولاً بالضبط ما يستلزمه هذا النوع من علم النفس. يلعب علم النفس، أو فهم كيفية عمل العقل البشري، جزءًا أساسيًا من الحياة اليومية ـ بدءًا من الإعلان والتمويل، والجريمة والدين، وحتى الكراهية إلى الحب؛ مما يوضح لماذا يحمل فهم مبادئها مثل هذه القوة على التأثير البشري.

يمكن أن يكون علم النفس مهمة شاقة، وهو ما يفسر سبب افتقار معظم الناس إلى هذه المهارة. إن تعلم جميع المبادئ المختلفة ليس ضروريًا ـ ما عليك سوى البدء من هذه الدروس للحصول على قاعدة صلبة للبناء عليها. إن قراءة الأشخاص بدقة، وفهم ما يحركهم وردود أفعالهم بطرق غير متوقعة هو أمر أساسي. وحتى في تلك الحالة، قد يكون حضور الدروس وقراءة عدد لا يحصى من الكتب ضروريًا للحصول على فهم كامل ـ اعتمادًا على مدى توسع فهمك.

فلماذا يعد فهم علم النفس وعلم النفس البشري ضروريًا جدًا؟ لأن أولئك الذين يعرفون المزيد يمكنهم استخدام هذه القوة ضدك.

كيف يتم استخدام علم النفس المظلم اليوم؟

في حين أن البعض قد يستخدم أساليب علم النفس المظلم بهدف إيذاء الضحية، يمكن للآخرين استخدام هذه الاستراتيجيات دون التلاعب بأي شخص بأي طريقة سلبية. تم نشر بعض هذه الاستراتيجيات لأول مرة خلال الحرب العالمية الأولى.
وسواء عن غير قصد أو عن قصد، توسعت مجموعة أدواتنا من خلال وسائل مختلفة مثل:

* عندما كنت طفلاً، من المحتمل أنك لاحظت كيف يتصرف الكبار، وخاصة المقربين منك.

* عندما كنت مراهقًا، اتسع عقلك من حيث فهم السلوكيات من حولك.

* لقد تمكنت من ملاحظة الآخرين وهم يستخدمون تكتيكات معينة ثم يطبقونها بنجاح.

* في البداية، قد يكون استخدامك للتكتيكات عرضيًا؛ ولكن بمجرد أن يبدأوا العمل على تحقيق أهدافك المرجوة، سيصبحون جزءًا من استراتيجيتك المقصودة.

* ربما تم تدريب السياسيين والمتحدثين العامين ومندوبي المبيعات على هذه التكتيكات من أجل تحقيق أهدافهم المرجوة.

تكتيكات علم النفس المظلم التي يتم استخدامها يوميًا

* فيضان الحب: يشير فيضان الحب إلى أي شكل من أشكال إقناع الناس بالامتثال للطلب الذي تريده. على سبيل المثال، إذا كنت بحاجة إلى مساعدة شخص ما في نقل بعض العناصر إلى منزلك، فإن تدفق الحب قد

يجعله يشعر بالرضا تجاه المساعدة ـ مما يزيد من احتمالات امتثاله. قد يستخدم المتلاعبون المظلمون فيضان الحب بهذه الطريقة لجعلهم يشعرون بالارتباط أو اتخاذ إجراءات لا يفعلونها عادةً.

* الكذب: يمكن أن يشير الكذب إلى تزويد ضحيتك بنسخ كاذبة أو منمقة للأحداث في محاولة لإنجاز ما ترغب فيه. قد يتضمن الكذب قول جزء فقط من الحقيقة أو تقديم ادعاءات مبالغ فيها من أجل تحقيق النتائج المرجوة.

* إنكار الحب: أحد أشكال التلاعب الذي يمكن أن يجعل الضحية يشعر بالضياع والتخلي عن المتلاعب به، هو حجب المودة أو الحب حتى تتمكن من الحصول على النتائج المرجوة منهم.

* الانسحاب: عندما يحدث ذلك، يتلقى الضحية إما المعاملة الصامتة أو يتم تجنبه حتى يلبي احتياجات شخص آخر.

* الحد من الخيارات: قد يمنح المتلاعب ضحيته إمكانية الوصول إلى بعض الخيارات من أجل صرف انتباهه عن اتخاذ الخيارات التي لا يريده منها.

* التلاعب الدلالي: في هذا التكتيك، يستخدم المتلاعب كلمات ذات تعريفات مفهومة بشكل شائع لإرباك ضحيته أثناء المحادثة ثم يكشف لاحقًا أنه كان يقصد شيئًا مختلفًا عندما استخدم تلك الكلمة؛ غالبًا ما يغير هذا تعريفه بالكامل وقد يتسبب في تقدم المحادثة المرغوبة على الرغم من احتمال خداع ضحيتهم.

* علم النفس العكسي: يحدث علم النفس العكسي عندما تتلاعب بشخص ما للقيام بفعل واحد فقط لجعله يتصرف في الاتجاه الآخر، مع العلم جيدًا أن هذا هو ما أراده المتلاعب طوال الوقت

من سيستخدم عمدا التكتيكات المظلمة؟

يمكن للعديد من الأشخاص استخدام تكتيكات علم النفس المظلم ضدك، والتي يمكن أن تتضمن تكتيكات مثل تلك الموجودة هنا. وبما أن هؤلاء الأشخاص قد يحاولون استخدام هذه التكتيكات المظلمة ضدك، فمن المهم أن تتعلم كيفية التعرف على أساليبهم والابتعاد عنها. تشمل المصادر المحتملة ما يلي:

النرجسيون: الأفراد الذين يمتلكون إحساسًا مبالغًا فيه بقيمتهم الخاصة غالبًا ما يريدون أن يعتقد الآخرون أنهم متفوقون أيضًا. ومن أجل إشباع هذه الرغبة، قد يستخدمون أساليب الإقناع وعلم النفس المظلم من أجل الحصول على ما يعتبرونه إعجابًا عباديًا من كل شخص يتواصلون معه.

* المعتلين اجتماعيًا: يمتلك المعتلون اجتماعيًا ترسانة رائعة من السمات الساحرة والذكية والمقنعة؛ ومع ذلك، لا يتصرفون بهذه الطريقة إلا عند الضرورة للحصول على ما يريدون. تعني النقابية أنهم يفتقرون إلى أي مشاعر للشعور بأي ذنب لاستخدام تقنيات علم النفس المظلم لتحقيق مكاسب شخصية ـ بما في ذلك إنشاء علاقات سطحية حسب الحاجة للقيام بذلك.

* السياسيون: يمكن للسياسيين استخدام علم النفس المظلم للتأثير على الناخبين لدعمهم من خلال إقناعهم بأن وجهة نظرهم هي الصحيحة.

* مندوبي المبيعات: ليس كل مندوبي المبيعات يستخدمون أساليب مخادعة ضدك؛ ومع ذلك، يمكن لأولئك الذين يكرسون جهودهم لتحقيق أرقام مبيعاتهم استخدام الإقناع المظلم من أجل التلاعب بالناس وزيادة الأرباح.

* القادة: لقد استخدم القادة تقنيات علم النفس المظلم منذ فترة طويلة من أجل التلاعب بأعضاء الفريق والمرؤوسين والمواطنين للامتثال لإرادتهم.

* الأشخاص الأنانيون: يمكن تعريف الأشخاص الأنانيين على أنهم أي فرد يعطي الأولوية لاحتياجاته الخاصة قبل احتياجات أي شخص آخر، بغض النظر عما إذا كان ذلك سيؤثر على من حوله بأي شكل من الأشكال. لن يقلقوا بشأن منح الآخرين الائتمان عندما يكون الائتمان مستحقًا حتى يتمكنوا هم أنفسهم من الاستفادة؛ طالما أن هذا الوضع يعمل لصالحهم، فلن يهم من سيخسر، ولكن إذا انتهى الأمر بتأثر شخص ما سلبًا، فمن المحتمل أن يكون هو بدلاً من شخص آخر.

تخدم هذه القائمة وظيفتين مهمتين. أولاً، سيساعدك ذلك على زيادة وعيك بأولئك الذين قد يحاولون التلاعب بك للقيام بأشياء لا ترغب في القيام بها، بينما يمكن أن يساعد في تحقيق الذات من خلال مراقبة الأشخاص الذين يتطلعون إلى الحصول على شيء ما منك.
أحد الأهداف الرئيسية لهذا الكتاب هو تجهيزك ضد علم النفس المظلم والمساعدة في حماية نفسك.

التلاعب العقلي هو مصطلح يُسمع غالبًا على وسائل التواصل الاجتماعي ومنصات الاتصالات الرئيسية، غالبًا ما يتعلق بالأحداث العامة الكبيرة أو الحملات السياسية أو الاستراتيجيات الإعلانية. يفهم معظم الأفراد ما يشير إليه "التلاعب العقلي" ولكنهم قد يفتقرون إلى المعرفة الدقيقة بتعريفه ونطاقه.

يتضمن التلاعب العقلي تشكيل أفكار شخص آخر والتلاعب بها للتأثير عليه للقيام بما تريده. يؤثر المتلاعب على الآخرين من خلال وسائل خادعة أو غير أخلاقية.

يتضمن التلاعب عمومًا درجة معينة من القوة على أهدافه؛ أي أن المتلاعبين سيحاولون إجبار أهدافهم على فعل ما يريدون على الرغم من معارضة الأهداف نفسها.

الآن، عندما أتحدث عن غسيل دماغ الناس كما في الأفلام، لا أقصد استخدام تقنيات الخطف وغسل الدماغ كما يتم تصويرها غالبًا. ما أناقشه هو تقنيات واستراتيجيات خفية تستخدم لإقناع الآخرين بشيء واحد دون أن يدركوا أنه يتم التحكم بهم.

في الواقع، المتلاعبون الرئيسيون يجعلون الأمر يبدو كما لو أن الناس يتصرفون من تلقاء أنفسهم وليس بسبب استفزاز خارجي. ومع ذلك، هناك بعض القوة التي ينطوي عليها التلاعب ـ على سبيل المثال، تجبرك محطات التلفزيون على مشاهدة برامجها وإعلاناتها من أجل تشجيعك على شراء منتجات أو خدمات الجهات الراعية.

ومع ذلك، في هذه الحالة، يمكن بسهولة تجنب الإكراه:

ببساطة قم بتبديل القنوات. ومع ذلك، فقد تم تصميم البرامج والإعلان بحيث لا ترغب في ذلك

يمكن لأشكال أخرى من التلاعب أن تكون أكثر مباشرة. غالبًا ما تروج الأحزاب السياسية والمرشحون لأنفسهم من خلال العبارات التي تحثهم على اتخاذ إجراء، مثل "التصويت لأفضل مرشح" و"التصويت لفلان إذا كنت تقدر مستقبلهم". تُرى مثل هذه المحاولات العلنية للإقناع بشكل متكرر في إعلانات الحملات السياسية.

ولهذا السبب يركز الجزء الأول من هذا الكتاب على فهم الأشكال الشائعة للتلاعب والتعرف عليها. أنا لا أشير إلى نوع من العصابة السرية التي تحاول السيطرة على عقول البشر في جميع أنحاء الكوكب؛ بدلاً من ذلك، قد يحاول الأفراد المدربون التأثير على آرائك لإقناعك بأجندتهم

بمجرد أن تفهم تقنياتهم، لن تتمكن فقط من حماية نفسك وأحبائك من التأثيرات الخارجية، ولكن قد تتمكن أيضًا من الترويج لجدول أعمالك بنجاح. على الرغم من أنني لا أشجع أي شخص على الخروج والتأثير على الأشخاص الذين يتعاملون معهم بشكل مباشر باستخدام هذه التقنيات؛ بدلاً من ذلك، استخدم هذه التكتيكات عند الضرورة لمنح نفسك الميزة التي تحتاجها في الحياة.

يستريح؛ نحن على وشك الشروع في مغامرة غير عادية. لذلك مجرد الجلوس والقيام بالرحلة.

الفصل الثالث: لماذا وكيف يتم استخدام علم النفس المظلم اليوم؟

على الرغم من أن العديد من الأفراد يستخدمون أساليب علم النفس المظلم بنوايا خبيثة، إلا أنه يمكنك أيضًا استخدامها دون الإضرار بأي شخص آخر. تمت إضافة بعض هذه التقنيات إما عن غير قصد أو عن قصد إلى صندوق أدواتنا بسبب ظروف مختلفة تشمل:

عندما كنت طفلاً، كنت تلاحظ سلوك البالغين من حولك وكيف يتفاعلون.

* عندما كنت مراهقًا، تم شحذ عقلك وقدرتك على فهم السلوكيات من حولك بشكل كبير.

* لقد تمكنت من ملاحظة استخدام الآخرين لتكتيكات محددة وتنفيذها بنجاح.

* في البداية، قد يكون استخدام أساليب معينة غير مقصود. ولكن بمجرد أن تثبت قيمتها في الحصول على ما تريده، فإنها قد تصبح أدوات مقصودة لتجارتك.

* غالبًا ما يتعلم السياسيون أو المتحدثون العامون أو مندوبو المبيعات تقنيات كهذه من أجل تحقيق أهدافهم المرجوة.

تكتيكات علم النفس المظلم التي يمكن استخدامها بشكل منتظم

* فيضان الحب: يتضمن فيضان الحب استخدام الإطراء لإقناع الآخرين بالامتثال لطلبك. على سبيل المثال، إذا كنت تريد من شخص آخر أن يساعدك في نقل الأغراض إلى منزلك، فإن استخدام فيضان الحب قد يزيد من احتمال قيامه بذلك ويجعل عملك أسهل. قد يستخدم المتلاعب المظلم فيضانات الحب بهذه الطريقة من أجل الحصول على نفوذ ضد هدفه.
اجعلهم يشعرون بالقرب منك، ثم اقنعهم بفعل الأشياء التي قد يمتنعون عن القيام بها.

* الكذب: الكذب هو تزويد شخص آخر بمعلومات كاذبة أو منمقة من أجل إنجاز ما تريد القيام به، مثل قول حقيقة جزئية أو مبالغة بهدف تحقيق ما أراد إنجازه.

* إنكار الحب: يمكن أن يكون إنكار الحب مدمرًا لضحاياه لأنه يجعلهم يشعرون بأن المتلاعب قد تخلى عنهم. يتضمن هذا في الأساس حجب المودة والحب حتى تحقق ما تريده معهم.

* الانسحاب: عندما يتم تطبيق هذا التكتيك على شخص ما، فقد يتلقى المعاملة الصامتة أو يتم تجنبه حتى يتم تلبية احتياجاته من قبل الآخرين.

* تقييد الاختيارات: قد يقدم المتلاعبون لضحاياهم بعض الاختيارات لإلهائهم عن اتخاذ خيارات لا يوافقون عليها.

* التلاعب الدلالي: يستخدم هذا التكتيك الكلمات التي لها تعريفات مقبولة على نطاق واسع بين أطراف المحادثة؛ ثم أخبر الضحية لاحقًا أنهم كانوا يقصدون شيئًا مختلفًا عند استخدام الكلمة المذكورة في المحادثة.

غالبًا ما يؤدي تغيير تعريفه إلى تغيير الحوار بالطرق التي يقصدها المتلاعب على الرغم من خداع شخص ما للاستسلام لإرادته.

* علم النفس العكسي: عندما يُطلب من شخص ما أن يتصرف بطريقة واحدة، مع توقع أنه سيستجيب فعليًا بشكل مختلف، فقط لكي يتحول كل شيء بشكل مختلف عما قصده المتلاعب. في جوهره، يعمل علم النفس العكسي تمامًا كما يوحي اسمه: جعل الناس يتصرفون بالطرق التي يريدها المتلاعب.

من سيستخدم تكتيكات الظل عمدا؟

قد يكون هناك العديد من الأشخاص الذين يستخدمون الابتزاز ضدك ويمكن أن يظهروا في جوانب مختلفة من حياتك، مما يجعل وجودهم خطيرًا للغاية.
يعد تعلم كيفية تجنب تكتيكات علم النفس المظلم أمرًا ضروريًا، وتشمل بعض الأمثلة على الأفراد الذين يستخدمون مثل هذه الاستراتيجيات ما يلي:

*النرجسيون: هؤلاء الأفراد غالباً ما يمتلكون آراء مضخمة عن أنفسهم ولديهم الحاجة إلى إقناع الآخرين بهذه الحقيقة. ومن أجل إشباع رغبتهم في أن يعبدوا ويحترموا من قبل كل من يقابلونهم، يلجأ هؤلاء النرجسيون إلى الإقناع وتقنيات علم النفس المظلم للوصول إلى هذا الهدف النهائي.

* المعنلون اجتماعيًا: يتستع المعنلون اجتماعيًا بجو من السحر والذكاء والقدرة على الإقناع ـ ولكن فقط للحصول على ما يريدون. نظرًا لأنهم يفتقرون إلى أي مشاعر أو ندم على ما يفعلونه، فإن استخدام تقنيات علم النفس المظلم ـ بما في ذلك العلاقات السطحية ـ لتحقيق ما يرغبون فيه لا يمثل مشكلة بالنسبة لهم.

* السياسيون: باستخدام علم النفس المظلم، يستطيع السياسيون إقناع الناخبين بالتصويت لهم من خلال إقناعهم بتفوق وجهة نظرهم.

* مندوبو المبيعات: ليس كل مندوبي المبيعات يستخدمون أساليب مخادعة ضدك، لكن أولئك الذين يركزون على تحقيق أرقام مبيعاتهم يمكنهم استخدام تقنيات الإقناع من أجل التلاعب بالآخرين والحصول على نتائج أسرع.

* القادة: لقد استخدم القادة تقنيات علم النفس المظلم منذ فترة طويلة من أجل التأثير على أعضاء الفريق والمرؤوسين والمواطنين للقيام بما يرغبون فيه.

* الأشخاص الأنانيون: يشمل الأفراد الأنانيون أي شخص يضع احتياجاته الخاصة قبل احتياجات الآخرين. هؤلاء الأشخاص عادة لا ينزعجون من المستفيد في أي موقف طالما أنه يفيد أنفسهم في المقام الأول ـ إذا كان هذا يعني أن الآخرين يحصلون على أقل، فلا بأس ـ ولكن في أي وقت يخسر فيه أحد الطرفين، فمن المحتمل أن يكون هم وليس الطرف الآخر.
تخدم هذه القائمة وظيفتين. أولاً، سيساعدك ذلك على جعلك أكثر وعيًا بأولئك الذين يحاولون التلاعب بك للقيام بأشياء لا ترغب في القيام بها؛ ثانيًا، يمكن أن يساعد في تحقيق الذات. أحد الأهداف الرئيسية لهذا الكتاب هو أن تتعرف على من يطلبون شيئًا منك دون النظر إلى أي تداعيات سلبية؛ بهذه الطريقة يمكنك حماية نفسك من علم النفس المظلم.

من يتحكم في حياتنا من المثير للاهتمام ملاحظة التاريخ الطويل للتلاعب داخل المجتمع. إن معرفة المزيد عن الإقناع سيسمح لك بأن تكون مجهزًا بشكل أفضل للتعامل معه.

سيعطينا هذا الفصل لمحة مختصرة عن التلاعب من حيث تطبيقه على الحياة والتجارة. من خلال فهم مكان وجود التلاعب ومن يحاول التلاعب بك، سنكتسب فكرة عن مدى انتشاره في حياتنا اليومية وتحديد أولئك الذين يحاولون التلاعب بنا. ليس كل من يتلاعب بالضرورة خبيثًا ـ ففي بعض الأحيان قد يتصرف الأشخاص بما يتعارض مع هويتهم الحقيقية أو حتى دون أن يدركوا ذلك بأنفسهم! تستخدم المؤسسات التجارية تقنيات الإقناع من أجل تشجيع العملاء على شراء منتجاتها وخدماتها ـ إن التعرف على هذه الأساليب سيساعدنا في التعامل مع هذه الأساليب بنجاح أفضل!

كأفراد، نحب أن نعتقد أننا نتخذ خيارات مسؤولة في الحياة. لسوء الحظ، ليس دائمًا تحت السيطرة الكاملة ـ خاصة وأن الأطفال يتأثرون بوالديهم وليس لهم رأي مباشر في تربيتنا. بمجرد دخولنا النظام التعليمي، يتم التلاعب بنا بشكل أكبر. يقدم المعلمون تعليمات حول الأعراف الاجتماعية والتوقعات منا في المجتمع؛ وفي وقت لاحق، كبالغين، قد نصبح عرضة للتلاعب من قبل السياسيين الذين يأملون في الفوز بالأصوات لقضاياهم. ويتم إقناع الكثيرين بالتصويت لأحزاب معينة بناءً على ما يعدون به للمستقبل، حتى لو كانوا لا يدعمون كل سياساتها. وهذا يمنح السياسيين السلطة على حياتنا ـ فهل نحن مسؤولون حقًا أم أننا ببساطة مقتنعون؟

لاحقًا في هذا الكتاب، سنفحص أساليب التلاعب المختلفة، السرية والعلنية. أولاً وقبل كل شيء، عليك أن تدرك متى يتم التلاعب بك حتى تتمكن من مواجهته؛ وقد قدم الخبراء وجهات نظرهم حول هذا النوع من السلوك بيننا.

التعرف على فن التلاعب

أين يجب أن نكون حذرين في حياتنا اليومية؟

اللغة المقنعة صورها تحكي ألف قصة؛ وللكلمات تأثير أقوى في إلهامنا، يصل أحيانًا إلى حد التلاعب. هل سبق لك أن ألهمتك خطيب يحفزك خطابه الدرامي على العمل؟ والكلمات تؤثر فينا حتى عندما تضيع بالكامل في كتاب عظيم؛ للكلمات قوة تجبرنا على تصديق شيء ما حتى عندما تخبرنا حواسنا بخلاف ذلك! يمكن استخدام التواصل بشكل فعال كقوة مؤثرة عند إقناع الناس بفعل أشياء قد لا يفعلونها لولا ذلك.

* يستخدم المعلنون ومندوبو المبيعات اللغة لإقناعنا بأن سلعهم هي بالضبط ما نحتاج إليه ـ مثل استخدام كلمات مثل:

بسعر معقول؛ مريح؛ ممتعة؛ توفير الوقت ومضمونة لتلبية.

لاحظ كيف تجعلنا كل هذه الكلمات نعتقد أن لديهم ثقة في منتجهم أو خدمتهم.

كثيرًا ما يستخدم السياسيون لغة مثل:

"نحن" ـ "لندعوك إلى عالمهم".

اجعل نفسك تشعر بأنك جزء من فريقنا

تهدف استراتيجيات التواصل هذه إلى جعلنا نشعر بأننا مندمجون وبالتالي مهمون.

يستخدم المتنمرون الكلمات والسلوك العدواني لتحقيق أجنداتهم الشخصية.

يستخدم المفترسون الإجراميون مثل المرضى النفسيين والمعتلين اجتماعيًا والنرجسيين لغة مقنعة كوسيلة للسيطرة على فرد آخر. هناك ست نظريات حول التلاعب النفسي؛ 1 تم فحص نظرية التحيز المعرفي هنا كشكل محتمل.

هناك العديد من العمليات والنظريات النفسية المتعلقة بالإقناع والتي أصبحت معترف بها على نطاق واسع، أحدها نموذج الاستجابة المعرفية لأنطوني جرينوالد من عام 1968 والذي لا يزال يثبت قيمته اليوم في تحديد عوامل الإقناع بالإضافة إلى استخدامه على نطاق واسع في الإعلانات.

يقترح غرينوالد أن ما يحدد نجاح الإقناع لا يكمن في الكلمات، بل في المشاعر؛ ستلعب العواطف دورًا أكبر من الكلمات في مدى سهولة إقناعنا.

ستشمل الأفكار الداخلية الجوانب الإيجابية والسلبية، اعتمادًا على شخصية الفرد. هذه ليست عملية تعلم ولكنها تتعلق أكثر بما إذا كان شخص ما ينظر بالفعل إلى رسالة ذات إدراك (إدراك) إيجابي أو غير مناسب.

يجب أن يعتمد المقنعون على خبراتهم من أجل معالجة الحجج المضادة بفعالية، ومنع هدفهم من الحصول على الوقت الكافي لتطوير أي منها. علاوة على ذلك، يجب على المقنع أن يشجع الحجج الإيجابية على الظهور بسهولة أكبر لزيادة معدل نجاحه ـ وهذا يزيد من "تأثير الإقناع".

يصبح الإقناع أكثر صعوبة إذا تم تحذير الهدف مسبقًا بما تنوي قوله؛ وهذا يسمح لهم بتطوير حجج مضادة إذا كانت "رسالتك" تتعارض مع ما يعتقدون حاليًا. أثبت البحث الذي أجراه ريتشارد إي. بيتي في عام 1977 هذه النقطة: فقد أظهر أن الطلاب الذين أعطوا إشعارًا بشأن ما حدث كانوا أقل عرضة للاقتناع من أولئك الذين لم يحذروا مسبقًا.

المعاملة بالمثل 2
هناك نظرية مدروسة جيدًا للمساعدة في تفسير قابليتنا للإقناع تكمن في قاعدة المعاملة بالمثل، بناءً على الأعراف الاجتماعية. إذا قدم لك شخص معروفًا أو فعل شيئًا جيدًا لك، فمن المرجح أن تشعر أنك مضطر للرد بالمثل من خلال رد الجميل بشكل أو بطريقة ما.

لا شعوريًا، قد تلعب المعاملة بالمثل دورًا أيضًا. دون أن تدرك ذلك، قد توافق على أداء أو تقديم خدمات طلبها منك شخص ما لأنه في وقت ما فعل شيئًا من أجلك ويشعر بأنه ملزم بذلك؛ حتى لو كان طلبهم عادةً ما يجعلك تقول لا.

غالبًا ما تعتمد الشركات على هذا التكتيك عند محاولة زيادة المبيعات. ومن خلال تقديم عينات مجانية أو تجارب محدودة المدة، تأمل الشركات أن يشعر العملاء بأنهم مجبرون على رد الجميل وشراء اتفاقية أو تجديدها.

المعاملة بالمثل هي عملية نفسية راسخة. إنه سلوك تكيفي كان من شأنه أن يزيد من فرصنا في البقاء على قيد الحياة في الماضي؛ من خلال مساعدة الآخرين، فإنك تزيد من فرص قيامهم بمساعدتك في يوم من الأيام. لكن المعاملة بالمثل قد تكون لها جوانبها السلبية أيضًا: فعندما يخطئ شخص ما في حقنا، فإن غريزة الانتقام لدينا قد تدفعنا أيضًا.

تدعم الأبحاث الأكاديمية قاعدة المعاملة بالمثل بقوة. أجرى برجر وآخرون (2009) بحثًا أظهر كيف من المرجح أن يوافق المشاركون على الطلبات عندما يكون مقدم الطلب قد قدم لهم معروفًا في الماضي.

3 طرق معالجة المعلومات

يعد الخداع أحد الأدوات الأساسية في صندوق أدوات أي مناور. وهو ينطوي على تقديم معلومات غير كاملة أو مضللة لضحاياهم، من أجل اختلال التوازن في طريقة تفكيرهم وتركهم عرضة للخطر. يتضمن التلاعب أيضًا استخدام لغة الجسد المتعمدة كوسيلة للإقناع والتلاعب.
تعدد نظرية ماكورناك أربعة مبادئ تحدد العبارات الصادقة؛ وأي انحراف عن هذه الأمور سيجعل الرسالة خادعة عن عمد. وتشمل هذه المبادئ:

كمية
تشير الكمية إلى "كمية" المعلومات المقدمة. يسعى معظمنا إلى تقديم ما يكفي من البيانات حتى يتمكن المتلقي من فهم رسالتنا بشكل كامل دون تقديم الكثير أو القليل جدًا؛ القليل جدا يمكن أن يسبب الارتباك. الكثير يمكن أن يطغى. ومع ذلك، فإن المتلاعب قد يتلاعب بهذه الكمية من خلال استبعاد بعض المقطوعات التي يعتبرها غير ذات صلة إذا كان من المحتمل أن يعمل ذلك ضد حجته وتعرف هذه الممارسة باسم "الكذب عن طريق الإغفال".

الجودة تشير إلى دقة المعلومات المقدمة. يعتبر تحقيق التواصل الحقيقي ذا جودة عالية؛ وإلا فإن المتلقي سوف يسمع أكاذيب متعمدة ـ أو أكاذيب صريحة ـ تهدف إلى اكتساب قوة المتلاعب.

علاقة
نناقش هنا "ملاءمة" المعلومات للرسالة. من أجل تجنب سؤال محرج أو إخفاء نقاط ضعفهم، غالبًا ما يغير المتلاعبون الموضوع بموضوعات مضللة من أجل تحويل الانتباه أو توجيهه بشكل خاطئ بعيدًا عما يجب مناقشته حقًا؛ أو المبالغة في التأكيد على شيء يمنحهم قوة أكبر على المستمعين.

طريقة طريقة توصيل الرسالة. تعد لغة الجسد أحد المكونات الأساسية: فنحن نقرأ تصريفات الصوت وتعبيرات الوجه عند الاستماع، والتي يمكن تضخيمها لتضليل عرض رسالتهم، بهدف التأكيد على أجندتهم. إن الكذب للتلاعب بشخص ما أو إقناعه ليس بالأمر الجديد؛ ومع ذلك، فإن قوتها أصبحت أكثر قوة في بيئة العولمة الحالية. لا تتضمن منصات التواصل عبر وسائل التواصل الاجتماعي دائمًا اتصالًا مباشرًا وجهًا لوجه بين شخصين، مما يسهل على المتلاعبين تحريف المعلومات أو اختلاق الأكاذيب في مثل هذه الأشكال من المراسلات.

ليس كل التلاعب سلبيًا بالضرورة؛ في بعض الأحيان نحتاج إلى المساعدة في اتخاذ قرارات جيدة لأنفسنا، وهنا تأتي أهمية نظرية الدفع؛ ويعتمد نظام التعزيز الإيجابي على دفعات صغيرة من أجل التغيير.

توضح دراسات سكينر، أو السلوكية، مدى فائدة هذه النظرية. من خلال تقديم المكافآت كتعزيز إيجابي، يمكن للسلوكية أن تغري الأفراد بالتصرف وفقًا لما ترغب في أن يفعلوه.

يمكن رؤية الدفع في هذا المثال لكيفية إعطاء العملاء دفعة إضافية نحو شراء العنصر الثاني الأعلى سعرًا ـ كل ذلك لصالح صاحب المطعم! تم منح العملاء هذه الدفعة الإضافية.

يمكن أن تكون نظرية الدفعة بمثابة استراتيجية اقتصادية فعالة للغاية. ولكن تطبيقه يمتد إلى ما هو أبعد من الاقتصاد لتشجيع التغيرات السلوكية وصياغة الاختيارات الشخصية ـ فحتى الأعراف الاجتماعية المقبولة يمكن تغييرها من خلال هذه التقنية.

لقد كان التحفيز بمثابة استراتيجية فعالة لدرجة أن الحكومة البريطانية أنشأت فريقًا للرؤى السلوكية في الوزارة في عام 2010 من أجل المساعدة في تطوير السياسات، والذي كان يُعرف باسم وحدة الوكز.

على الرغم من أن استخدام "الدفعات" يمكن أن يكون له بعض المزايا الواضحة، إلا أن استخدام التلاعب النفسي يمكن أن ينتهك الحريات المدنية للفرد.

5 استراتيجيات التلاعب الاجتماعي
التلاعب النفسي هو أحد أشكال التلاعب التي يستخدمها السياسيون أو الأشخاص الأقوياء لتحقيق مصالحهم الخاصة. في أسوأ حالاته، يعمل التلاعب النفسي كشكل من أشكال السيطرة الاجتماعية ـ تجريد الفردية مع إجبار السكان على قبول ما يُعطى لهم ـ على الرغم من أن تطبيقاته الإيجابية تشمل تحسين الصحة والرفاهية على سبيل المثال.

أيًا كان من في السلطة والذي يستخدم التلاعب الاجتماعي، فقد يستخدم تقنيات تشتيت الانتباه لتشتيت القضايا المهمة. قد يجادلون بأن مقترحاتهم مصممة ليس فقط لإفادة أنفسهم، بل لعائلتك ككل ومستقبلها؛ وأي اختلاف عنهم سيُنظر إليه على أنه خطأ وأناني ـ وهذا النوع من الإقناع يعامل الأفراد مثل الأطفال تقريبًا؛ هدفها هو جعل الجميع يعتقدون أن كل شيء خاطئ هو مسؤوليتهم بالكامل، في حين أن الحل الوحيد يكمن في الاستماع إلى إرشادات الخبراء الذين يعرفون أفضل.

ومثل هذه الاستراتيجية السياسية قد تنطوي على لفت الانتباه إلى مشكلة اجتماعية واحدة والتغطية على مشاكل أخرى. يهدف هذا التكتيك إلى إثارة الاضطرابات الاجتماعية والذعر بين السكان. ومن خلال خلق حالة من عدم الارتياح داخل المجتمع، سيبدأ الناس في المطالبة بالتغييرات من أجل التحسين. لذا، في محاولة لإخفاء مشاكلها في مجال الرعاية الصحية، يمكن لإحدى الإدارات خفض ميزانيتها المخصصة لمنع الجريمة، مما يؤدي إلى ارتفاع إحصاءات الجريمة بشكل كبير وتغذية المعلومات المصممة لإقناع المواطنين بأنهم يعرفون أفضل كيفية حل قضايا الجريمة. يغذي السياسيون الدعاية من خلال نشر الحقائق والحقائق الخاصة بهم ـ والتي قد تكون أو لا تكون دقيقة دائمًا؛ في بعض الأحيان يمكن إساءة استخدام المعلومات المبالغ فيها مثل الإحصائيات لتحقيق التأثيرات المرجوة. يستغرق التلاعب الاجتماعي سنوات قبل أن يتم تحقيق النتائج المرجوة.

يعد التلاعب النفسي جزءًا من التأثير الاجتماعي، مما يجعل منا جميعًا دمى اجتماعية إلى حد ما. معظمنا يستخدم التلاعب النفسي دون أن يدرك ذلك!

كما هو متوقع من قبل المجتمع، تقع على عاتقنا مسؤولية التوافق والالتزام بمعاييره لتجنب الفوضى التنافرية في المجتمع.

فكر للحظة في الأداة أو منتج تحسين المنزل الذي ترغب في شرائه أكثر: هل هو شيء موصى به من قبل صديق أو جار أو منتج مميز عبر الإنترنت يجعلك ترغب فيه أكثر؟ ويعمل التلاعب الاجتماعي بهذه الطريقة أيضًا: حيث يمكننا بسهولة إقناع الآخرين عندما يكون حذرنا منخفضًا؛ سواء كان ذلك جيدًا أم سيئًا يعتمد كليًا على المنظور الفردي.

كما ناقشنا سابقًا، ليس كل التلاعب الاجتماعي سيئًا؛ في الواقع قد يكون لها نتائج إيجابية. في حين أن مصطلح "التلاعب" قد يستحضر صورًا لأشخاص عديمي الضمير يخضعون الناس لإرادتهم، إلا أنه عند استخدامه بشكل صحيح يمكن أن يساعد المجتمع ككل. أحد الأمثلة الجيدة على التلاعب الاجتماعي هو تشجيع المتخصصين في الصحة على تناول المزيد من الفواكه والخضروات ("الحملات الخمس في اليوم") أو وقف حملات التدخين التي أدت إلى انخفاض أعداد المدخنين وكذلك انخفاض معدل الإصابة بالأمراض المرتبطة بالتدخين؛ تشكل مثل هذه التكتيكات أشكالًا فعالة من الإكراه في أفضل حالاته.

إضاءة الغاز 6

يمكن أن يكون الإنارة بالغاز أقسى أشكال التلاعب. إنها محاولة للتشكيك في سلامة الشخص واحترامه لذاته من خلال زرع بذور الشك فيه ـ وغالبًا ما تستخدم الأكاذيب المتكررة كطعم حتى تصدقها في النهاية على أنها حقائق.

إن الإنارة الغازية هي شكل غير إنساني من التلاعب حيث يتسبب شخص ما في جعل شخص آخر يشك في نفسه ويفقد كل الثقة في نفسه، مما يؤدي إلى الانهيار النفسي الكامل والخضوع لوجود الخصم. يعمل منتقدو الغاز باستمرار على تقويض هدفهم من خلال مناقضته أو الإشارة إلى أنهم يخطئون دائمًا، إلى حد اتهامهم في بعض الأحيان بقول الأكاذيب بأنفسهم ـ وهو إجراء مصمم لتقليل القيمة الذاتية قبل أن يتم إدراجهم بالكامل تحت السيطرة الاستبدادية من الغرباء الذين يستولون على زمام الأمور من خلال أن يصبحوا الظالمين أنفسهم. وعندما يحدث ذلك، فإنهم يصبحون خاضعين للحضور الاستبدادي لمضطهدهم ـ الذين يصبحون خاضعين قبل أن يستسلموا أخيرًا تحت تأثير الاستبداد من مصادر خارجية. يسعى عمال الغاز إلى السيطرة عليهم في المقابل ويصبحون في النهاية ضحايا تحت حكم سيدهم المستبد.

التلاعب بالمؤثرين هو شكل من أشكال الإساءة العقلية غالبًا ما يُرى في العلاقات الشخصية المسيئة. سيستخدم المؤثر تقنيات مختلفة لجعل ضحيته يشكك في نفسه ـ حتى إلى حد التشكيك في ذكرياته من خلال إنكار الأحداث الماضية التي حدثت بينه وبين نفسه.

يستغرق ضوء الغاز وقتًا وجهدًا ليصبح فعالاً بشكل كامل. سوف يُرهق المتلاعب ضحيته على مدى فترة طويلة، مما يؤدي بدوره إلى الشك في سلامته العقلية.

الدكتور جورج سيمون حاصل على درجة الدكتوراه في علم النفس السريري من جامعة تكساس. في دراساته للأشخاص الذين يعانون من شخصيات مزعجة، وخاصة المرضى النفسيين، قادته النتائج التي توصل إليها إلى استنتاج أن أنواعًا معينة من الشخصية كانت ماهرة جدًا في التلاعب؛ باستخدام الأكاذيب واللغة العدوانية، تمكنوا من زرع الشك في أذهان ضحاياهم حتى فقد هدفهم في النهاية الثقة في أنفسهم وصدق ما قاله المتلاعب، وفي النهاية وقع تحت سيطرته.

الفصل الرابع: التقنيات المستخدمة في الأماكن المظلمة

أسرار علم النفس
تخدم معظم التقنيات النفسية تطبيقات علم النفس الداكن والأبيض؛ ففائدتها تعتمد على نية أولئك الذين يستخدمونها.

في هذا الفصل، سننظر إلى التقنيات النفسية المختلفة المستخدمة لأغراض غير مشروعة.
الإقناع المظلم
الإقناع هو إلى حد بعيد الأسلوب النفسي الأكثر استخدامًا، وغالبًا ما يستخدم في علم نفس البيض؛ لقد استخدمنا جميعًا تقريبًا الإقناع كجزء من هذا النظام في مرحلة أو أخرى؛ ومع ذلك، قليلون فقط هم من استخدموا الإقناع كشكل فعال من أشكال التلاعب بعلم النفس المظلم.

قبل الخوض بشكل أعمق في الإقناع المظلم، دعونا نفكر أولاً في مكوناته الأساسية.

ما هو الإقناع؟ الإقناع هو الممارسة النفسية لاستخدام الحجج المقنعة بطريقة تحفز أو تؤثر أو تغير اتجاهات الفرد أو سلوكه من أجل تحقيق النتائج المرجوة.

نصائح للإقناع فيما يلي العديد من استراتيجيات الإقناع الأساسية التي يجب عليك إتقانها لتصبح مقنعًا بنجاح:

البحث للحصول على مشورة الخبراء

كن قائدًا فكريًا ـ لتوجيه الآخرين في تفكيرهم والقيادة بالقدوة.

كن واثقًا، باستخدام البيانات التصريحية والحزم:

التقليل من السخرية قدر الإمكان.

يبدو معقولًا ويراقب ردود الفعل استجابةً للاستجابات الدقيقة؛ الاستماع بنشاط واقتراح بدلا من الطلب؛ مراقبة بنشاط. كن ذكيا عاطفيا

تكتيكات الإقناع
فيما يلي العديد من أساليب الإقناع الأساسية والمهمة:

استخدم اسم الشخص الذي تتعامل معه.

تواصل شخصيًا وأقم علاقة.

تطوير العلاقات وفتح أبواب التبادل

استخدم كلمات محفزة. كن مرنًا ومتكيفًا ـ تكيف ليناسب كل هدف على حدة (لا يوجد نهج شامل). استخدم تقنية النسخ والمطابقة في البرمجة اللغوية العصبية (NLP).

استخدم تأثير العربة لصالحك

قم بخلق بعض عدم اليقين بين أولئك الذين تقنعهم من خلال خلق شعور بنقص انتباههم.

فجوات المعلومات (خلق التشويق من خلال الفجوات المتعمدة).

قم بتطبيق إستراتيجية "القدم في الباب" ـ قم بتقديم طلب صغير يفتح المزيد من الأبواب للطلبات الأكبر لاحقًا.

إن التأكيد على قيمة اقتراحك لأولئك الذين تحاول إقناعهم هو أمر أساسي عند محاولة إقناعهم بجدارته، حيث أن كل شخص يسأل نفسه دون وعي، "ما الفائدة من ذلك بالنسبة لي؟"

ميس تأثير العربة
يمكن وصف تأثير العربة بأنه التأثير الجماعي الذي يمكن أن تحدثه مجموعات من الأشخاص على أفراد داخل هذا الحشد أو المجموعة من الأشخاص.

وفيما يلي بعض الخصائص الرئيسية لتأثير العربة:

عقلية القطيع ـ يميل الناس إلى الامتثال عندما يقتنعون بأن اتباع الآخرين سيؤدي إلى النجاح. الدليل الاجتماعي ـ يميل الناس إلى اتباع ما يبدو أنه السبب الأكثر شعبية

إن شجب الأدلة الاجتماعية السلبية (مثل رمي النفايات، وقطع الأشجار، والسلوك الجنسي السيئ، والإفراط في الأكل، والتدخين) قد يؤدي في الواقع إلى الترويج لها. على سبيل المثال، ينبغي لانتقاد زيادة معدل التغيب عن العمل من 15% إلى 20% أن يعزز أيضًا الدليل الاجتماعي الإيجابي من خلال ملاحظة غالبية الموظفين (+80%) الذين لم يتغيبوا عن العمل ومناقشة تلك التفاحات القليلة الفاسدة التي تظل غائبة على أنها لا تذكر مقارنة بـ ما ينبغي التأكيد عليه وتقليله بشكل أكبر.

الخداع
يمكن تعريف الخداع على أنه أي فعل يسعى إلى إخفاء أو تحريف أو تقديم شيء غير صحيح من أجل التستر أو تشويه السمعة أو الترويج لرأي بقصد إقناع فرد آخر بالتصرف وفقًا لأهداف أو توقعات محددة مسبقًا.

يتضمن الخداع التلاعب بالمظاهر لنقل تمثيل غير دقيق للواقع.

جوهر الخداع يكمن في الإخفاء. تتضمن تقنيات الخداع الشائعة ما يلي:

تتضمن الدعاية نشر معلومات كاذبة على أنها حقيقة أو حقائق، بينما يخفي التمويه الطبيعة الحقيقية للأشياء؛ على سبيل المثال قد يكون استخدام العمل الخيري كغطاء للتسلل إلى منطقة ما.

يشير الادعاء إلى اتخاذ نفس بديلة؛ على سبيل المثال، التظاهر بالبراءة عندما يكون الشخص مذنبًا، أو التظاهر بالمرض عندما تشعر بصحة جيدة، أو التظاهر بالحزن عندما تحتفل بالفعل بشيء مهم، وما إلى ذلك.

الغموض ـ خلق هالة من ما هو خارق للطبيعة عن طريق حجب المعلومات أو التصرف بطرق تبدو خارقة للطبيعة، مما يجعل نفسك جذابًا لأولئك الذين يميلون إلى المعتقدات.

التلاعب: غالبًا ما يستخدم المشعوذون والسحرة والممثلون هذا التكتيك لجذب انتباه الناس بعيدًا عن أنفسهم ونحوك، وتحويله لصالحك من أجل تحقيق أهداف شخصية. يعمل هذا التكتيك أيضًا بشكل جيد عند محاولة تحقيق النتائج من خلال العروض العامة مثل الحفلات الموسيقية.

أنواع الخداع
يأخذ الخداع شكلين أساسيين.

الأكاذيب عن طريق العمولة (الإخفاء) ـ هي أشكال نشطة من الخداع. الشخص الذي يمارس الكذب عن طريق العمولة يخدع بشكل مباشر أو يكذب بشكل مباشر عن طريق تغيير الحقائق المادية عمدا لصالحه.

المحاكاة أو الإغفال (الكذب عن طريق الإغفال) ـ أكاذيب المحاكاة هي أشكال غير مباشرة من الخداع حيث لا يقوم شخص ما بالخداع بتغيير الحقائق المادية بشكل مباشر؛ بل تخفي ما كان من شأنه أن يغير قرار المخدوعين.

خداع
الخداع، مثل أي عمل من أعمال الخداع، يذهب إلى أبعد من ذلك لتحقيق مكاسب شخصية من الضحايا. يتضمن الخداع وضع الفخاخ أو الطعوم التي توقع الضحايا في شرك قبل استغلالهم لتحقيق مكاسب شخصية أو شائنة.

التلقين
يشير التلقين إلى عملية غرس معتقدات لدى شخص ما دون منحه فرصة لإجراء تحقيق نقدي مستقل.

الاستراتيجيات المستخدمة في التلقين:

التدريب عن ظهر قلب ـ هذه الممارسة المتمثلة في طباعة المعلومات في ذكريات الناس من خلال الإجراءات المتكررة مثل تكرار التغني أثناء الصلاة أو عد خرزات المالا أثناء الصلاة تُعرف بالتدريب عن ظهر قلب.

يُطلب من الأشخاص المدربين على القيام بعملية التأكيد أن يقولوا كلمات تؤكد عبارات معينة، وبالتالي خلق الانطباع بأن تلك العبارات صحيحة.

عرقلة الحقيقة والحقائق: يسعى هذا التكتيك إلى منع أولئك الذين تم تلقينهم من الوصول إلى مصادر الحقيقة أو الحقائق، مثل الكتب التي تعتبر "شيطانية". يمكن أيضًا استخدام تقنيات علم نفس الخوف مثل تحذيرهم من أنهم سيواجهون كوابيس أو ستزورهم أرواح مصاصي الدماء إذا قرأوا مثل هذه الكتب.

اعتراف ـ كل واحد منا لديه ماضي مليء بالخطيئة. قد تكون هناك أشياء فعلناها تجعلنا نندم؛ يتضمن أحد أساليب التلقين إجبار الناس على الاعتراف. بمجرد أن يعترف الناس، تتضاءل سلطتهم الأخلاقية أمام القائمين على التلقين، مما يقودهم إلى طريق الخضوع نحو التلقين.

العزلة ـ الهدف الرئيسي للعزلة هو إبعاد شخص ما عن التأثيرات التي تجعل التلقين مستحيلاً أو أكثر صعوبة، مما يؤدي إلى عزله عن الأسرة أو المجتمع أو العلاقات الطبيعية تمامًا. وبالتالي، قد ينقطع الضحايا عن الأسرة والمجتمع والعلاقات الطبيعية، مما يدفعهم إلى تصديق أي شيء يقوله مُلقنوهم دون تلقي رأي آخر بشأن هذه التأكيدات من أطراف ثالثة موثوقة. كما تعمل العزلة أيضًا كشكل من أشكال العرقلة عندما لا يمكن تقييم الحقيقة والحقائق بشكل موضوعي من وجهات نظر طرف ثالث موثوق به.

فرض الذنب ـ فرض الذنب يشبه الاعتراف القسري؛ ومع ذلك، فإن فرض الذنب ينطوي على غرس الشعور بالذنب في ذهن الضحية من قبل المُلقنين الذين يجدون طرقًا لاكتشاف أي خطأ ثم يستخدمون هذا الفعل ضدهم لإلحاق الذنب بهم. تمامًا مثل الاعتراف القسري، فإن الهدف الأساسي لهذا التكتيك هو فرض الذنب. قد يؤدي الاعتراف إلى تقويض المكانة الأخلاقية للضحية والضغط عليه لإجباره على الخضوع النفسي.

فرض الرهاب ـ يمكن غرس الخوف النفسي من خلال تقنيات التلقين التي يستخدمها المتلقون؛ يجد الضحايا صعوبة متزايدة في العمل خارج نطاق نفوذهم. مثال على الرهاب التحريضي تستخدم شركات التأمين أساليب تثير الخوف لدى العملاء المحتملين من خلال المبالغة في المخاطر المحتملة التي قد تحدث إذا اختار العميل المحتمل عدم التأمين على حياة أو ممتلكات أحبائه، في حين تلجأ الحكومات في كثير من الأحيان إلى غرس الخوف من أجل المضي قدمًا في إجراءاتها. جداول الأعمال.

للطقوس بصمة لا تمحى على نفسية الفرد، وهو ما يفسر لماذا يستخدم العديد من التقاليد والأديان والطوائف والمنظمات السياسية والجماعات المدنية الطقوس كعنصر من عناصر ممارساتهم. يمكن أداء الطقوس قبل الصلاة أو خدمات الدفن وكذلك قبل بدء الحرب ـ تزيد هذه الاحتفالات من القابلية لأي مقترحات قد يتم طرحها من قبل المتلقين.

التبعية المستحثة ـ غالبًا ما يستخدم المتلاعبون هذا التكتيك في العلاقات التي يريدون فيها السيطرة على ضحاياهم، على سبيل المثال الكيانات الإمبريالية أو الاستعمارية التي تعمل على إدامة الفقر قبل التظاهر بإنقاذه من مصيره. وقد تقدم مساعدات مشروطة أو منحًا تحتوي على شروط تهدف إلى زيادة التبعية وجعل الضحايا أكثر عرضة للاستغلال. وبما أن هذا الإفقار المتعمد لم يكن ليؤدي إلى مثل هذا الفقر المدقع أو يؤدي إلى مثل هذه المساعدات والمنح السخية، فإن هذا يؤدي إلى التبعية. يسمح شركاء الزواج في كثير من الأحيان للشريك غير الآمن بخلق الظروف التي تجعل شريكهم معتمدًا؛ فالزوج غير الآمن يمكن أن يجعلها أكثر اعتماداً.
بمجرد أن تفقد زوجته عملها، يمكن للزوج غير الآمن أن يتحكم بسهولة أكبر في زوجته العاطلة عن العمل ويتلاعب بها لأنه بمثابة المصدر الرئيسي لاستقلالها المالي. إن الافتقار إلى الاستقلال المالي يجعلها عرضة لإملاءات زوجها.

العقوبة ـ من خلال إنشاء نظام حوافز وتقديم اختبارات/امتحانات كعقوبات، تتم معاقبة أولئك الذين يجتازون برنامج التلقين الخاص بهم وفقًا لذلك.

خصائص التلقين

ليس من المستغرب أن ينتشر التلقين في معظم جوانب حياتنا ـ فهو يحدث في المنازل (من قبل الآباء والمعلمين)، والمدارس (من قبل المعلمين)، والحياة العامة (من قبل السياسيين والحكومات) وما إلى ذلك.

وفيما يلي بعض السمات الرئيسية لأدوات التلقين:

الخوف والدوغمائية والأصولية والانغلاق المعرفي والحرمان المتصور كمصادر للتلقين
يمكن أن يكون هناك العديد من مصادر التلقين السرية والعلنية؛ فيما يلي بعض المصادر العلنية الشائعة:

المؤسسات الدينية والمدارس والمؤسسات التعليمية

دليل أولياء الأمور لوسائل الإعلام (وسائل الإعلام السائدة والبديلة ومواقع الشبكات الاجتماعية).

سياسة
غسيل دماغ شركاء الزواج يشير مصطلح "غسيل الدماغ" إلى عملية إزالة مجموعة المعتقدات القديمة الموجودة لدى الفرد من نظامه لصالح معتقدات جديدة تأتي دون أن يطلبها شخص ما أو يتبناها عن طيب خاطر. غسيل الدماغ يحدث دون موافقة.

قد يتخذ غسيل الدماغ أشكالاً عديدة؛ في بعض الأحيان يكون خفيًا وغير إرادي بينما يكون في أحيان أخرى عنيفًا. أحد الأمثلة العنيفة كان التحول القسري خلال الحروب الصليبية والجهاد. الضحايا في مثل هذه الحالات يدركون ما يحدث، لكنهم يقبلونه كآلية تكيف فعالة لتجنب ضرر أكبر مثل الموت.

عادة ما يحدث غسيل الدماغ العنيف داخل الطوائف المسلحة أو المنظمات الإجرامية حيث يجد الضحايا أنفسهم محاصرين دون طريق للهروب.

الضحايا المحتملون لغسيل الدماغ العنيف هم:

السجناء (وخاصة أسرى الحرب)

العبيد تحت الاسر
ضحايا العبودية المختطفون للبيع من قبل الخاطفين
كائنات فضائية غير شرعية غالبًا ما يحدث غسيل الدماغ الخفي دون وعي ضحيته؛ هنا، يبحث مرتكب الجريمة عن الضحايا المعرضين للخطر الذين يمكن إقناعهم بسهولة أكبر. علاوة على ذلك، عادة ما يجد هؤلاء الضحايا الضعفاء أنفسهم في ظروف صعبة، مما يؤدي إلى ظهور فراغات نفسية ترغب في تحقيقها.

فيما يلي بعض الضحايا المحتملين لغسيل الدماغ غير المقصود:

هل تعيش مع مرض مزمن غير معروف؟ إذا كانت الإجابة بنعم، يرجى قراءة هذا.

عادة ما يقيم القاصرون الذين غادروا منازلهم للعيش بمفردهم في أماكن بعيدة.

الأشخاص الذين فقدوا وظائفهم ويعانون عاطفيا يعانون من اليأس العميق.

يمكن أن يكون فقدان أحبائك من خلال الطلاق أو الموت أمرًا مؤلمًا للغاية.

الخطوات الشائعة في غسيل الدماغ

فيما يلي بعض الخطوات التي يتخذها غاسلو الدماغ عادةً عندما يحاولون غسل دماغ ضحاياهم:

1. العزلة
2. الهجوم على احترام الذات والخضوع والخضوع
اختبار 5 قصف الحب
يدرك غاسلو الدماغ أن أفراد الأسرة أو الدائرة المقربة يمكنهم التعرف بسرعة على ما يحدث للضحية وبالتالي إنقاذه، وبالتالي فإن الخطوة الأولية التي يتخذونها لتخريب الضحية هي عزله عن المقربين منهم، مثل العائلة أو الأصدقاء.

على سبيل المثال، قد يغرس القادة الدينيون آراء سلبية عن العائلة والأصدقاء المقربين في الضحايا، مما يخلق انقسامًا بينهم وبين أحبائهم نتيجة لتكتيكات غسيل الدماغ المستخدمة ضدهم من قبل مصاصي الدماء النفسيين الذين يستنزفون الطاقة ويصيبون الناس بأمراض مزمنة؛ قد يستسلم الضحية لأساليب غسيل الدماغ هذه بسبب المرض واليأس ـ مما يؤدي في النهاية إلى عزل نفسه عن شخص كان يمكن أن ينقذه من غسيل الدماغ تمامًا.

الهجوم على احترام الذات إن الضحية التي تعاني من تدني الثقة بالنفس أو التي تعاني من تدني احترام الذات تكون عرضة لغسيل الدماغ، ولذلك يسعى غاسل الدماغ إلى تحقيق هذه الحالة من خلال مهاجمة احترامه لذاته.

يستخدم غاسلو الدماغ استراتيجيات مختلفة لتقويض إحساس الضحية بقيمته الذاتية، مثل:

الإساءة اللفظية والجسدية ـ غالبًا ما تُستخدم في تقنيات غسيل الدماغ العنيفة لتجريد الضحية من إنسانيتها وتقويض إحساسها بجدارتها.

الحرمان من النوم ـ بدون الراحة الكافية، يكون الأشخاص أكثر عرضة للضغط النفسي بسبب انخفاض الوعي. وبدون الوعي الكامل، تصبح تعليمات غسل الدماغ أسهل بالنسبة للفرد المرهق الذي يبحث عن بعض السلام والهدوء حتى يتمكن من النوم بسرعة.

التخويف هو أحد الأساليب العديدة التي يستخدمها غاسلو الدماغ لإجبار شخص ما على الخضوع دون إرادته، مثل التهديد بالعقاب أو العقوبة نفسها.

الإحراج ـ يمكن استخدام هذه الإستراتيجية إذا كانت الضحية المحتملة تخفي بعض الأسرار البغيضة التي تفضل أن تظل مخفية، على سبيل المثال استخدام وسائل مختلفة للحصول على صور عارية أو حث هؤلاء الأفراد على الخيانة الزوجية. بمجرد حصول غاسل الدماغ على هذه المواد، يبدأ في إحراج الضحية بمهارة دون الكشف علنًا عن أي شيء يتعلق بهذه المادة ولكن باستخدام مصطلحات عامة تشير إلى سلوك غير

أخلاقي نيابة عن الشخص المستهدف. يفهم الضحية إلى أين تقود هذه الإشارات، وبالتالي فهو مصمم على منع غاسل الدماغ من الكشف عن هذه المحتويات المحرجة، مما يمنحه اليد العليا اللازمة لغسل دماغ الضحية. تتضمن أمثلة سيناريوهات غسيل الدماغ إجبار الضحايا على أداء طقوس تقوض قيمتهم الذاتية، مما يزيد من إخضاعهم لغسالة دماغهم. مع مرور الوقت، قد يصاب الضحايا بمتلازمة ستوكهولم، حيث بدلاً من القتال، يبدأون في دعم غاسل الدماغ الخاص بهم بدلاً من ذلك.
("حماية غاسل الدماغ (وهو ما يعني، دون وعي، حماية "أسرارهم

يستخدم غاسلو الدماغ خلق الندرة مثل تقنين الضروريات الأساسية وإطلاقها فقط على الفرد الذي يعمل بموجب أوامرهم، لإخضاع الضحايا. يسعى غسيل الدماغ إلى وضع الضحايا تحت السيطرة الكاملة حتى يصبحوا خاضعين تمامًا.

:فيما يلي بعض التكتيكات المستخدمة للإخضاع

الإساءة المتطرفة لنا ضدهم
قصف الحب إساءة شديدة تتعرض الضحية لإساءة شديدة؛ غالبًا ما يتم استخدام الإساءة العاطفية والنفسية، حيث يتم استخدام الإيذاء الجسدي فقط لأغراض غسل الدماغ العنيفة وليس تقنيات غسيل الدماغ الخفية.

نحن ضدهم
يُجبر الضحية على الاختيار بين غاسل دماغه والمجتمع ككل. ليس هناك فرصة للهروب لهذه الضحية.

يقدم الأشخاص الذين تعرضوا لغسيل دماغ الضحايا الذين ما زالوا يحملون أي أفكار عن "هم" أو العالم الخارجي. وأي محاولة من جانب الضحايا للتفكير في البقاء معنا، أي الأشخاص الذين تعرضوا لغسيل المخ، ستؤدي إلى إساءة شديدة حتى يقرروا الانضمام إلى عملية غسيل أدمغتهم والتخلي عنهم.

الاختبار أو التقييم،
يتم إجراء الاختبار للتأكد مما إذا كان الضحية قد اتخذ قراره ولم يعد يرغب في الانضمام إليهم، مع اختبار مستوى طاعته أيضًا.

تحت السيطرة السرية، قد يتم إطلاق سراح الضحايا إلى "هم" (عامة السكان) بشرط عودتهم في تاريخ معين (ومراقبتهم سرًا لمعرفة ما إذا كانوا سيختارون العودة إلى "نحن" (مجموعة مغسولة الدماغ.

إذا لم يرغب الضحية في العودة، فسيتم اختطافه وإعادته إلى حظيرتنا ـ وهكذا تبدأ الحلقة المفرغة مرة أخرى.

في حالة عودة الضحية عن طيب خاطر، ننتقل إلى المرحلة الثانية، المعروفة باسم قصف الحب.

يجد معظم الضحايا أن رحلة العودة إلى المجتمع صعبة للغاية، وبالتالي يفضلون العودة إلى ديارهم بدلاً من إعادة بناء ما فقدوه.

قصف الحب بمجرد أن تثبت الاختبارات أن الضحية قد تم غسل دماغه بنجاح، يمكن استخدام تقنيات قصف الحب لتحفيزه على الانضمام.

قد يتضمن قصف الحب الثناء والترويج حسب ترتيب المواضيع والهدايا المستلمة وما إلى ذلك.
يشير مصطلح "الإغواء المظلم" إلى استخدام الأدوات النفسية المصممة لاستخدام أساليب التلاعب المظلمة ضد الأفراد من أجل إقناعهم بالدخول في علاقات ترضي المصلحة الذاتية لطرف واحد فقط ولا تحقق عوائد ملموسة لأي من الطرفين المعنيين.

يلعب المُغوي عديم الضمير على رغبات ضحيته من أجل إرضاء أجندته الشهوانية.

على الرغم من أن الإغواء غالبًا ما يرتبط بالجنس الآخر، إلا أنه قد يشمل أيضًا شخصًا من نفس الجنس وحتى أولئك الذين يُعرفون بأنهم غير جنسيين.

الإغواء المظلم لا يتضمن الأفعال الجنسية وحدها؛ بل يستخدم التحفيز الجنسي لتحقيق أهداف معينة.

التحفيز الجنسي يجعل الضحايا أقل منطقية وعقلانية، وبالتالي أكثر عرضة للتلاعب.

فيما يلي بعض تقنيات الإغواء الداكن:

يتضمن قصف الحب إرسال تعبيرات وعبارات استفزازية للآخرين كهدايا، مع أو بدون ذلك طلب صراحةً. الهدف الأساسي للإغواء المظلم هو مناشدة الهوية البدائية للفرد وتقليل مقاومة القسطرة؛ وبالتالي تشجيعه على الانفصال عن الأنا العليا والنزول إلى الهوية حيث توجد مذهب المتعة.

قد يتم استخدام الأفعال والمكافآت المثيرة ضد الضحية لتعزيز حالة الهوية هذه وإزالة جميع الأدلة على الأنا العليا أو مكافحة القسطرة.

في أغلب الأحيان، يمكن أن يساعد التلقين وغسل الدماغ في تفكيك الأنا العليا لدى المرء. ومع ذلك، يتم استخدام التنويم المغناطيسي كأسلوب قوي لهذا الغرض ـ وهو جذب عقل شخص ما إلى حالة مفتوحة حيث يمكن إقناعه بأي اقتراح تقدمه له.

فالفرد تحت التنويم المغناطيسي يشبه الشخص النائم الذي يمشي؛ يصبح وعيهم مركزًا بشكل فريد على المشي دون تلقي إشارات من مصادر خارجية.

أثناء وجوده في حالة التنويم المغناطيسي، لا يستطيع الفرد استخلاص المراجع من مصادر خارجية بوعي ـ فقط من الاقتراحات. يتناقص الوعي المحيطي أو يختفي تمامًا عندما يصبح عقلهم محاصرًا داخل فقاعة لا يمكن اختراقها ومنيعة للإشارات الخارجية التي تخترقها عادةً.

الحث المنومة
يتضمن تحريض التنويم إعطاء شخص ما تعليمات واقتراحات مصممة للحث على التنويم المغناطيسي.

الملامح الرئيسية للتنويم المغناطيسي:
يركز الاهتمام المركز على شيء واحد أو فكرة واحدة معزولة عن الوعي المحيطي

زيادة التقبل للاقتراحات يكمن التمييز الرئيسي بين التنويم المغناطيسي الأبيض والتنويم المغناطيسي الداكن في نية المنوم: يهدف التنويم المغناطيسي الداكن إلى استغلال موضوعه لتحقيق مكاسب ذاتية بدلاً من مساعدتهم على تحسين أنفسهم من خلال الاقتراحات الإيجابية من داخل التنويم المغناطيسي.

يهدف التنويم المغناطيسي الأبيض إلى تخفيف حالات الوعي المؤلمة أو الضارة من خلال مساعدة المنومين على التخلص منها بسرعة وبنجاح. غالبًا ما يعتبر العلاج بالتنويم المغناطيسي هو الشكل الرئيسي للتنويم المغناطيسي الأبيض، وغالبًا ما يشار إليه باسم التنويم المغناطيسي العلاجي.

العلاج بالتنويم المغناطيسي
العلاج بالتنويم المغناطيسي هو شكل من أشكال الحث المنوم الأبيض الذي يستخدمه الممارسون الطبيون لأغراض علاجية. الهدف الرئيسي هو المساعدة في الشفاء من الصدمات النفسية والعاطفية وحتى الجسدية.

يمكن استخدام العلاج بالتنويم المغناطيسي كوسيلة فعالة لتخفيف الألم من خلال مساعدة المريض على إبعاد نفسه عن مصدر انزعاجه، وبالتالي تقليل الحساسية لهذا الألم.

حقائق عن التنويم المغناطيسي: التنويم المغناطيسي طوعي، الأطفال أكثر عرضة للتنويم المغناطيسي من البالغين

15% من الناس معرضون للتنويم المغناطيسي.

نادرًا ما يتم تنويم 10% من الأفراد مغناطيسيًا.

الأشخاص المعرضون للتخيل هم أكثر عرضة للانجرار إلى الحث المنوم المظلم. بالإضافة إلى ذلك، قد يكون لهذا عواقب سلبية.

كان هناك العديد من ضحايا التحريض المنوم المظلم. تشمل الأسباب الشائعة ما يلي:

منوم مغناطيسيًا بعمق لدرجة أنك تقوم بتسليم ممتلكاتك عن طيب خاطر إلى المنوم المغناطيسي

هل يتم تنويمك مغناطيسيًا لفتح الباب عمدًا أمام اللصوص؟

هل يتم تنويمك مغناطيسيًا وتتبع الخاطفين عن طيب خاطر إلى وكرهم؟ إذا كان هذا هو الحال بالنسبة لك، فإن التنويم المغناطيسي بحيث تتبعهم إلى وكرهم سيؤدي على الأرجح إلى الاختطاف والإساءة من نوع ما.

الفصل الخامس: التعرف على فن التلاعب

لقد كان فهم التلاعب جزءًا من الحياة لفترة طويلة؛ لا ينبغي أن يكون مفاجئًا أن الإقناع يُمارس منذ فترة طويلة كمهارة. يعد التعرف على جوهرها الحقيقي أمرًا ضروريًا إذا كنت تريد التعامل بفعالية مع تأثيرها.

في هذا الفصل، سنراجع بإيجاز سيكولوجية التلاعب لفهم مكان وجوده في حياتنا بشكل أفضل ومن قد يحاول استغلالنا. ويمكن أن يساعد أيضًا في تحديد أولئك الذين يحاولون التأثير علينا دون أن ندرك ذلك ـ على سبيل المثال، قد يشجع المدير موظفيه على التصرف بطرق تتعارض مع شخصيتهم وسلوكهم الطبيعي؛ إن تعلم كيفية استخدام التجارة لتقنيات الإقناع الدقيقة سيساعدك في مكافحة قوتها المنتشرة.

يشجعنا مجتمعنا على رؤية أنفسنا كأفراد مستقلين قادرين على اتخاذ خيارات عقلانية؛ ومع ذلك، عندما يتعلق الأمر بقرارات الحياة، فإننا لا نملك دائمًا السيطرة الكاملة. غالبًا ما يتأثر الأطفال بشدة بوالديهم ويفتقرون إلى أي سيطرة على العملية التي نشأوا من خلالها. بمجرد دخولنا إلى نظام التعليم، يتم التلاعب بنا بشكل أكبر. يعلمنا المعلمون كل شيء عن الأعراف والتوقعات الاجتماعية في المجتمع؛ وفي وقت لاحق، كبالغين، يجذبنا السياسيون الذين يبحثون عن الأصوات. ويتم إقناع الكثيرين بالتصويت لأحزاب معينة من خلال ما يعدون به للمستقبل، حتى لو كانوا لا يؤمنون بسياساتها. وهذا يمنح السياسيين القوة التي يمكن أن تؤثر على حياتنا بشكل مباشر؛ هل نحن مسيطرون حقًا أم أننا ببساطة خاضعون للتلاعب من قبل أولئك الذين يتمتعون بتقنيات الإقناع الماهرة؟
لاحقًا في هذا الكتاب، سنغطي كيفية التعامل مع أساليب التلاعب المختلفة، العلنية والخفية. أولاً، يجب أن تتعلم كيفية التعرف على الأوقات التي يتم فيها التلاعب بك حتى تتمكن من مواجهته؛ ولهذا الغرض سندرس أيضًا ما يقوله الخبراء حول هذا النوع من السلوك الموجود بيننا.
هل تشعر بالتلاعب؟

ما هي أنواع الأشياء التي يجب أن نكون حذرين منها في حياتنا اليومية؟

لغة الإقناع على الرغم من أن الصور تحكي آلاف الكلمات، إلا أن الكلمات يمكن أن تكون أكثر فعالية عند استخدامها للتحفيز والتشجيع والإقناع. ما عليك سوى التفكير مرة أخرى في كل تلك الأوقات التي ألهمتك فيها خطيب ذو شخصية كاريزمية ألهمتك خطاباته الجريئة وحفزتك على العمل؛ أو عندما ضللنا الطريق تمامًا في كتاب عظيم بكلمات تحكي قصة مختلفة! يمكن أن تكون اللغة قوة قوية للغاية عند استخدامها بفعالية عند إقناع الآخرين بشيء ما؛ يعد التواصل أحد الأصول الرائعة عند محاولة تغيير سلوك الأشخاص أو جعل الناس يغيرون رأيهم بشأن شيء ما.
نظريات التلاعب النفسي 1 المعرفية

إن العمليات النفسية والنظريات المحيطة بالإقناع معروفة جيداً؛ إحدى هذه النظريات التي طورها أنتوني جرينوالد في عام 1968 هي نموذج الاستجابة المعرفية. وعلى الرغم من أنه تم إنشاؤه منذ أكثر من 40 عامًا، إلا أن مبادئه لا تزال ذات صلة اليوم وتستخدم على نطاق واسع في الإعلانات وأشكال الإقناع الأخرى.

اقترح غرينوالد أن: ما يحدد نجاح الإقناع حقًا لا يكمن في الكلمات، بل في عواطف المتلقي ومونولوجه الداخلي وما إذا كانوا ينظرون إلى الرسالة بأفكار (إدراك) إيجابية أو سلبية أم لا. لا تحتاج هذه العملية إلى

تعلم مواد جديدة ولكن يتم تحديدها من خلال ما إذا كان شخص ما ينظر إليها بالفعل بطرق تجعل التأثير عليها سهلاً إلى حد ما.

يجب أن يعتمد المقنعون على مهاراتهم كمقنعين للتغلب على أي حجج مضادة قد تنشأ ضد جهود الإقناع. يجب عليهم منع هدفهم من الحصول على الوقت الكافي لصياغة أي حجج مضادة خاصة بهم ويجب عليهم تشجيع الحجج الإيجابية على الظهور في المقدمة، مما يمنح "تأثير الإقناع" فرصة أكبر للنجاح.

يصبح الإقناع أكثر صعوبة إذا تم تحذير الهدف المقصود مسبقًا بما يمكن توقعه، مما يتيح له الوقت لإعداد حججه الخاصة ضد ما قد يبدو غير بديهي بالنسبة له. أجرى ريتشارد إي. بيتي بحثًا أظهر أهمية التحذير المسبق في عام 1977: كان الطلاب الذين تم إشعارهم بأحداث معينة أقل عرضة للاقتناع من أولئك الذين لم يتم إشعارهم مسبقًا.

تبادل

توفر قاعدة المعاملة بالمثل تفسيرا آخر مثيرا للاهتمام لقابليتنا للإقناع: فهي تعتمد على الأعراف الاجتماعية ـ إذا قام شخص ما بتقديم معروف لك أو قدم لك شيئا جيدا، فمن المرجح أن تشعر بأنك مضطر لرد الجميل بشكل أو بآخر.

دون وعي، يمكن أن تحدث قاعدة المعاملة بالمثل. حتى دون أن تدرك ذلك، قد توافق على القيام بعمل أو معروف لشخص ما لأنه في مرحلة ما قام بشيء جيد لك ـ حتى لو كان هذا الطلب يقع عادة خارج نطاق اختصاصك. قد يكون للشعور بالالتزام فوائده أيضًا؛

عادة ما تستخدم الشركات التي تستخدم تقنيات المبيعات هذا التكتيك من أجل زيادة المبيعات. تقدم الشركات عينات مجانية أو تجارب محدودة المدة على أمل أن يشعر العملاء بأنهم ملزمون برد الجميل عن طريق شراء منتجهم أو مواصلة الاتفاقية.

إن المعاملة بالمثل هي عملية نفسية راسخة وسلوك تكيفي، مما يزيد من فرصنا في البقاء على قيد الحياة عبر التاريخ. مساعدة الآخرين يمكن أن تزيد من فرصتك في الحصول على المساعدة في المقابل، ولكن المعاملة بالمثل قد يكون لها آثار جانبية غير مرغوب فيها؛ على سبيل المثال، إذا قام شخص ما بإيذائك، فإن المعاملة بالمثل قد تؤدي إلى ردود فعل انتقامية ضده.

البحث الأكاديمي يدعم قاعدة المعاملة بالمثل. وجد برجر وآخرون (2009) أن المشاركين كانوا أكثر عرضة للموافقة على الطلبات المقدمة من شخص قدم لهم معروفًا في الماضي.

معالجة المعلومات الخطوة 3

يعد الخداع أحد الاستراتيجيات الأساسية التي يستخدمها المتلاعبون. تتضمن هذه الإستراتيجية تقديم معلومات محدودة ومربكة للضحايا من أجل تغيير أنماط تفكيرهم، مما يجعلهم أكثر عرضة للخطر. قد يتضمن الخداع أيضًا استخدام لغة الجسد المتعمدة لإقناع شخص ما والتلاعب به.

ماكورناك وآخرون. (1992) أجرى دراسة سلطت الضوء على الطرق المختلفة التي يمكن من خلالها تزوير الرسائل للمساعدة في عمليات التلاعب. تعتمد نظرية ماكورناك على أربعة مبادئ تحكم التصريحات الصادقة؛ وأي خرق سيجعل تلك الرسالة بمثابة خداع متعمد. يشملوا:

معلومات الكمية تشير "الكمية" إلى مقدار ما يتم تقديمه. يسعى معظمنا إلى تقديم ما يكفي من البيانات حتى يفهم المتلقي رسالتنا ـ لا يمكن أن يسبب القليل جدًا ولا الكثير من الارتباك. لكن المتلاعبون قد يتلاعبون بهذه الكمية عن طريق حجب أجزاء معينة يشعرون أنها غير ذات صلة بحجتهم أو عن طريق حجب المعلومات التي يشعرون أنها ستقوّضها ـ تُعرف هذه الممارسة باسم "الكذب عن طريق الحذف".

الجودة تشير إلى دقة المعلومات المقدمة. التواصل الصادق ذو جودة عالية، بينما عندما نخرق هذا المبدأ، يسمع المتلقي أكاذيب مقصودة تمنح المتلاعب السلطة على الآخرين.

الصلة نشير هنا إلى "أهمية" المعلومات المتعلقة برسالتنا. من أجل صرف سؤال محرج أو تجنب مناقشة غير مريحة، غالبًا ما يغير المتلاعبون الموضوع لمصلحتهم الخاصة ـ إما لإخفاء نقاط الضعف داخل أنفسهم، أو المبالغة في التأكيد على شيء يمنحهم المزيد من القوة على مستمعهم.

طريقة التسليم يتم تحديد العرض التقديمي من خلال كيفية "تسليمه". تلعب لغة الجسد دورًا أساسيًا في هذا. عندما نستمع، يمكن أن تكشف التصريفات وتعبيرات الوجه مصدر الرسالة؛ قد يبالغ المتلاعبون في هذه الميزات لتضليل المستمعين بمهارة للاعتقاد بأن رسالتهم تؤكد على أجندتهم بدلاً من ذلك.

إن التلاعب المتعمد بالآخرين أو إقناعهم من خلال الخداع ليس تكتيكًا جديدًا؛ ومع ذلك، أصبح استخدامه فعالا بشكل خاص في مجتمع اليوم.
لا يتضمن التواصل عبر الإنترنت ووسائل التواصل الاجتماعي دائمًا لقاءات وجهًا لوجه، مما يسهّل على المتلاعبين نشر الأكاذيب أو المبالغة في المعلومات. يمكن للمتلاعبين أن يزدهروا باستخدام مثل هذه الأشكال من التواصل.

الدفع ليس كل التلاعب ضارًا؛ في بعض الأحيان نحتاج إلى المساعدة في اتخاذ القرارات التي من شأنها أن 4 تفيد أنفسنا على المدى الطويل. ولتحقيق هذا الهدف، يمكن أن تكون نظرية الدفع مفيدة بشكل خاص: توسيع التعزيز الإيجابي من خلال إعطاء دفعات لطيفة بجرعات صغيرة من خلال "دفعات" مختلفة.

توضح دراسات سكينر، أو السلوكية، مدى فائدة هذه النظرية. من خلال تقديم التعزيز الإيجابي في شكل مكافآت للسلوك المرغوب فيه، يمكن لهذه النظرية دفع الناس في الاتجاه المرغوب.

يمكن رؤية أحد الأمثلة على "الدفع" هنا. على الرغم من أن إضافة عناصر مرتفعة السعر قد يبدو أنه يؤدي إلى نتائج عكسية، إلا أن النتائج أدت في الواقع إلى زيادة مبيعات العنصر الثاني الأعلى سعرًا ـ مما يمنح العملاء دفعة نحو شرائه ـ كل ذلك لصالح أصحاب المطاعم ونتائجهم النهائية.

يعتبر ريتشارد ثالر على نطاق واسع "الأب" لنظرية الدفع، وقد حصل على جائزة نوبل التذكارية في العلوم الاقتصادية لمساهمته الكبيرة في الاقتصاد السلوكي. توفر نظرية الدفع التعزيز الإيجابي أو "الدفعات".

يمكن أن تكون نظرية الدفع نظرية اقتصادية فعالة للغاية؛ ومع ذلك، فإن تطبيقه يمتد إلى ما هو أبعد من الاقتصاد لتشجيع التغييرات السلوكية والتأثير على الخيارات الشخصية وكذلك تغيير الأعراف الاجتماعية المقبولة بهذه الطرق.

وقد أثبت التحفيز نجاحاً كبيراً حتى أن الحكومة البريطانية أنشأت في عام 2010 فريقاً للرؤى السلوكية في الوزارة مخصصاً لتطوير السياسات ـ يشار إليه عادة باسم وحدة الوكز.
يمكن أن يكون لـ "الدفعات" فوائد واضحة للمجتمع ككل، إلا أن استخدام مثل هذه الأساليب النفسية للتأثير على الناس قد ينتهك الحريات المدنية الفردية.

5. التلاعب الاجتماعي
يشار إليه أيضًا باسم التلاعب النفسي، ويمكن استخدامه من قبل السياسيين وغيرهم من الأفراد الأقوياء لتحقيق مكاسب شخصية. وفي أسوأ صوره، فهو بمثابة شكل من أشكال السيطرة الاجتماعية من خلال سلب الحقوق الفردية للأفراد لإجبار السكان على قبول ما مُنح لهم؛ ولكن يمكن استخدام التلاعب الاجتماعي بشكل إيجابي عند استخدامه لتحسين الصحة الشخصية أو مشكلات الرفاهية.

يستخدم المتلاعبون الاجتماعيون تقنيات تشتيت الانتباه للابتعاد عن القضايا المهمة. ومن المفترض أن تفيد مقترحاتهم الجميع، بما في ذلك عائلتك ومستقبلها؛ وأي آراء مختلفة ستكون خاطئة وأنانية ـ وهذا النوع من الإقناع يعامل الأفراد مثل الأطفال؛ يحاول هذا النظام إقناع الجمهور بأن كل ما حدث من خطأ هو مسؤوليتهم، لذا استمع بعناية عندما تأتي نصيحة الخبراء في طريقك لإيجاد حل.

ومن شأن مثل هذه الاستراتيجية السياسية أن تطرح قضية اجتماعية وتخفي أخرى، من أجل إثارة الاضطرابات الاجتماعية والذعر بين السكان وإحداث التغييرات التي يطالبون بها. أحد الأمثلة على ذلك يمكن أن يكون عندما تريد إحدى الإدارات إخفاء مشاكل الرعاية الصحية عن طريق خفض ميزانية منع الجريمة وبالتالي رفع إحصاءات الجريمة بشكل كبير؛ سيتم بعد ذلك تغذية المعلومات حول حلول مشاكل الجريمة من قبل السياسيين الذين ينشرون حقائقهم وحقائقهم التي قد لا تكون دقيقة دائمًا (أي إساءة استخدام الإحصائيات).
قد يستغرق التلاعب الاجتماعي سنوات حتى تظهر النتيجة المرجوة.

التلاعب النفسي هو جزء لا يتجزأ من التأثير الاجتماعي. نشر البروفيسور بريستون ني من دراسات الاتصالات مقالاً في مجلة علم النفس اليوم يوضح هذه التقنية حيث يدرك أحد الأطراف ضعف الطرف الآخر قبل أن يتعمد التسبب في اختلال توازن القوى من أجل استغلال الضحايا لتحقيق مكاسب شخصية.

هل هذا يجعلنا جميعًا دمى اجتماعية؟ في جزء. معظمنا يمتثل ويتوافق مع التوقعات من أجل تجنب الفوضى داخل المجتمع.

فكر للحظة في المنتج أو الأداة التي تود شراءها أكثر. هل اقترح عليك أحد الأصدقاء ذلك أم أنه يمتلك واحدًا بالفعل؟ على الأرجح أنه شيء يمتلكه شخص آخر بالفعل أو رأيت إعلانًا عنه عبر الإنترنت، مما يجعلك تريده أكثر. وهذا مجرد شكل آخر من أشكال التلاعب الاجتماعي؛ يمكننا أن نقتنع بسهولة إذا خذلنا حذرنا؛ سواء كان ذلك جيدًا أم سيئًا، فالأمر متروك لكل فرد ليقرره.

التلاعب الاجتماعي لا يعني دائمًا السوء. عند استخدامه بشكل صحيح، يمكن للتلاعب الاجتماعي أن يفيد المجتمع ككل. على سبيل المثال، فإن الجهود التي يبذلها أخصائيو الصحة لإقناعنا باستهلاك المزيد من الفواكه والخضروات من خلال حملات مثل "الحملات الخمس في اليوم"، أو حتى الحملات ضد التدخين والتي أدت إلى انخفاض أعداد المدخنين مما أدى إلى انخفاض المخاطر المرتبطة بالأمراض، هي أمثلة على الإكراه الناجح. التكتيكات في أفضل حالاتها.

إنارة الغاز هي أقسى أشكال التلاعب
مبادئ مثل معرفة أنك تتلقى معلومات كاذبة تؤدي في النهاية إلى قبولها كحقيقة.

يعتبر الإنارة بالغاز شكلاً غير أخلاقي من أشكال التلاعب. ولاعات الغاز تجعل ضحاياهم يشككون في أنفسهم ويفقدون كل الثقة في أنفسهم، مما يدفعهم في النهاية إلى التشكيك في أنفسهم بشكل أكبر. وهذا يؤدي إلى زعزعة استقرار هدفه، مما يؤدي إلى Gaslighting إلى معاناة هائلة حيث تتآكل قيمتهم الذاتية. يهدف إحداث دمار نفسي لهم. سوف يقوم المتلاعبون باستمرار بإحباط هدفهم من خلال مناقضته أو إقناعهم بأنهم مخطئون دائمًا؛ يقودهم أحيانًا إلى هذا الطريق حتى يتم اتهامهم باختلاق الأكاذيب عن أنفسهم. ولهذا يفقد الضحايا كل الثقة بالنفس؛ بمجرد حدوث ذلك، يتم التحكم بهم بالكامل من قبل شخص مؤثر متسلط ـ وهو مثال على الإساءة العقلية التي توجد عادة في العلاقات الشخصية المسيئة ـ مع محاولات مستمرة لجعل الضحية يشكك في نفسه ويشكك في كل ما يتذكر قوله أو فعله في تفاعلاته السابقة مع ذلك الشخص. المؤثر. وفي نهاية المطاف، يتم التشكيك حتى في الذكريات نفسها من خلال هذه التقنيات المستخدمة ضد ضحاياها من خلال جعلهم يتساءلون حتى عما قيل وفعل بالفعل في التفاعلات السابقة مع ذلك المؤثر.

تتطلب عملية الإنارة بالغاز وقتًا قبل أن تصبح فعالة بشكل كامل؛ سوف يرهق مرتكب الجريمة ضحيته تدريجيًا، حتى يقودهم في النهاية إلى الشك في سلامتهم العقلية والتساؤل عما إذا كان هناك تلاعب.

الدكتور جورج سيمون دكتوراه هو عالم نفس إكلينيكي من إحدى جامعات تكساس وقد قام بدراسة الأشخاص الذين يعانون من شخصيات إشكالية. قادته نتائج دراساته إلى الاعتقاد بأن بعض الشخصيات، وخاصة المرضى النفسيين، ماهرون في التلاعب؛ تشويه الحقائق واستخدام لغة عدوانية من أجل إثارة الشك في أذهان ضحاياهم وجعلهم يشككون في أنفسهم ويعتقدون في النهاية أن المتلاعب على حق؛ تصبح في نهاية المطاف أهدافا ضعيفة تحت سيطرته.

لا يقتصر الإنارة الغازية على الأفراد أيضًا؛ كما تم استخدامه من قبل الكيانات السياسية. مورين دود هي إحدى المؤلفات وكاتبات الأعمدة التي تستخدم هذا التكتيك.
وأكدت أن إدارة هيلاري كلينتون استخدمت تقنيات الإضاءة بالغاز ضد أحد المعارضين ـ وكثيرًا ما تم دفع نيوت جينجريتش من الحزب السياسي المعارض إلى الظهور بمظهر الهستيري بهذه الأساليب. ويعتقد الصحفيون وعلماء النفس أيضًا أن دونالد ترامب استخدم مثل هذه الأساليب خلال حملته الرئاسية وأثناء وجوده في منصبه. على سبيل المثال، يلاحظون عدد المرات التي يقول فيها شيئًا ما قبل أن يتراجع عنه لاحقًا أو ينكر حتى قوله؛ والتي يصنفونها على أنها تقنيات إضاءة الغاز الكلاسيكية.
شريكك يخدعك ويتلاعب بك

دعونا نتفحص بعض أمثلة التلاعب التي ظهرت في العلاقات الشخصية، لعلك تستطيع التعرف على بعض هذه الصفات بداخلك؟

يميل المتلاعبون إلى أن يكونوا مهووسين بالسيطرة؛ كلما زادت القوة التي يمتلكونها، كلما أصبحت أسنانهم أعمق في الضحية.

سوف ينتهكون الحدود الشخصية للآخرين من خلال أفعال مثل التطفل والتجسس أو اتخاذ إجراءات جريئة ومفتوحة. لتمكينهم من القيام بذلك، لن يُسمح بحيازة أي شيء شخصي مثل الهواتف أو أجهزة الكمبيوتر؛ قد

تتم سرقة كلمات المرور الخاصة بك دون علمك. وفي الوقت نفسه، فإنهم يحرسون حدودهم بشدة إذا تعرضت مساحتهم الشخصية للخطر بطريقة ما.

قد تحدث إجراءات قوية مثل منعك من رؤية بعض الأصدقاء عندما يرفض شخص ما مشاركة ما يخصه فقط، مثل منعك من زيارة دائرتك الاجتماعية. في البداية سيوضحون كراهيتهم لهؤلاء المعارف بينما ينظرون إليهم في أعماقهم على أنهم تهديدات محتملة؛ الغيرة تأخذ مجراها وقد تتحول إلى عدوانية.

إذا اتخذت قرارات دون استشارتهم أولاً، فلن يكونوا سعداء. إنهم لا يريدون منك أن تمارس الإرادة الحرة وإلا فقد يؤدي ذلك إلى تركهم يومًا ما!

يمكن أن تأتي السيطرة على شكل نصيحة؛ ومع ذلك، ليس لديك خيار كبير في قبول ذلك. إنهم يرشدونك إلى ما يجب عليك فعله وكيفية التصرف.
يميل الشركاء المتلاعبون إلى معرفة شاملة بجدولك اليومي وأي انحراف عنه من المحتمل أن يدفعهم إلى إجراء المزيد من التحقيق معك. وإذا حدث أي شيء يفاجئهم، فمن المؤكد أنهم سوف يتساءلون ويستجوبون عنه.

لاحظ أنهم غالبًا ما ينتقدون كل ما تقوله في الأماكن العامة ويقللون من آرائك وأفكارك كوسيلة لتأكيد سلطتهم عليك.

لا يسارع هؤلاء الأشخاص إلى انتقادك فحسب، بل غالبًا ما يذهبون إلى أبعد من ذلك: فيتهمونك بالكذب أو أن لديك ذكريات سيئة؛ في بعض الأحيان يكون لديك الجرأة لوصفك بالمتلاعب!

لا يمكن أبدًا إرضاء المتلاعبين المسيطرين؛ عندما تعتقد أنك وصلت إلى هذا الهدف، فإنهم يحركونه مرة أخرى - مما يجعلك غير متأكد من موقف علاقتك بالضبط.

هل أنت منخرط في علاقة مسيئة؟ بدون شك، من المحتمل أن تكون علاقات المتلاعبين علاقات غير سعيدة. يميل المتلاعبون إلى أن يكونوا غير قابلين للتنبؤ وقد يتحولون فجأة إلى العنف عندما يتم انتهاك قواعدهم.

إن الخروج من علاقة مسيئة ليس بالأمر السهل أبدًا، ولكن هناك موارد يمكنها المساعدة. بمجرد أن يصبح القيام بذلك آمنًا، ابحث عبر الإنترنت عن المنظمات المحلية التي تدعم ضحايا الشركاء المسيئين. قم أيضًا بحذف سجل التصفح الخاص بك حيث لن يبقى أي شيء خاصًا للمتلاعب. مرهق في البداية، ولكن يجب طلب المساعدة اللازمة على الفور.
يستغلك أصدقاؤك للتلاعب بك للقيام بتحركاتهم

لا شك أنه قد يكون من الصعب تكوين روابط في بيئات جديدة، وفي بعض الأحيان قد تبدو هذه العملية مخيفة أو عدائية! ومع ذلك، عندما يحدث هذا، غالبًا ما يشعر الناس وكأنهم سمكة خارج الماء - لا ينبغي أبدًا تجاهل مشاعر الاغتراب هذه! نحتاج جميعًا إلى أصدقاء في الحياة، ويجب أن يُنظر إلى تعلم كيفية جذبهم على أنه مهارة أساسية يمتلكها جميع الأفراد. البشر حيوانات اجتماعية بطبيعتها ويبحثون عن الرفقة من الآخرين - وهناك استثناءات قليلة جدًا لهذه القاعدة!

اختيار الأصدقاء - قم بإنشاء ملف تعريف مثالي لنوع الأصدقاء الذي تريده.

فيما يلي ثلاث فئات واسعة من الأصدقاء:

الأصدقاء) مرحبا وداعا لمعارفي.(

يميل الأشخاص الذين تقابلهم في بيئات مشتركة ـ مثل العمل ـ إلى أن يصبحوا أصدقاء لك بشكل تلقائي تقريبًا، مثل إلقاء التحية والوداع عند الاجتماع في اليوم؛ ومع ذلك، بمجرد خروجهم من هذه المساحة المشتركة، نادرًا ما يظل هؤلاء الأصدقاء (الذين قد يكونون مجرد معارف حقًا) مشاركين خارج هذه التفاعلات؛ على الرغم من أنه من الجيد معرفتهم والاستفادة من مهاراتهم كلما كان ذلك ضروريًا، إلا أنهم قد لا يعتبرون بالضرورة من بين حلفائك الحقيقيين (يعتقد اليونانيون أنه لا يمكنك حساب الصداقات الحقيقية إلا من جهة ـ وهو شيء يجب أخذه في الاعتبار.(

رفاق الشرب وشركاء الجولف ورفاق التسوق ـ أصدقاء وقت المرح يأتون ويذهبون في الحياة. إنهم يشاركونك تلك الأشياء التي تجعل الحياة ممتعة لأنهم هم أنفسهم يستمتعون بها ويضحكون كثيرًا ويستمتعون بقضاء الوقت مع بعضهم البعض. في حين أن هؤلاء الأصدقاء لا يشاركون بالضرورة في محادثات طويلة حول معنى الحياة أو واقع تغير المناخ، فإن هذه الروابط الاجتماعية الفضفاضة التي تتشكل بمرور الوقت تصبح رفاقًا لا تقدر بثمن.
الجميع يحب قضاء وقت ممتع، لذلك عندما تتاح الفرصة، يتمتع الجميع بتجربة ممتعة معًا ـ على الرغم من عدم وجود القليل من العمق في علاقتهم معك.

أصدقاء الروح
هؤلاء هم أصدقاؤك الذين ستتصل بهم عبر الهاتف في الساعة 3:00 صباحًا ـ أولئك الذين يمكنك الاعتماد عليهم ليكونوا جاهزين وراغبين في التحدث إذا أزعجت نومهم في الساعة 3 صباحًا! مع هؤلاء الأشخاص بجانبك في رحلة برية، لن تقتلوا بعضكم البعض قبل الوصول إلى الطريق 66!

المحادثات الطويلة والهادفة والأسرار المشتركة والدعم المتبادل هي التي تحدد هذه الصداقات. الأشخاص الذين يقفون بجانبك، في السراء والضراء، هم رفقاء الروح الحقيقيون؛ يفهمك هؤلاء الأفراد بشكل وثيق بينما ترد بالمثل على لطفهم. يمكن لبعض الأصدقاء أن يكونوا هناك منذ ولادتهم حتى الموت، بينما تقابل آخرين على طول الطريق. ما يميز هذه الصداقات عن تلك التي تتلاشى مع مرور الوقت أو الرفاق العاديين هو عمق العلاقة بينهما. من الصعب الحصول على أصدقاء الروح وعندما نلتقي مرة أخرى يمكن أن نشعر كما لو لم يمر وقت على الإطلاق. يمكنك المتابعة من حيث توقفت لأنك تعرف بعضكما البعض جيدًا؛ كما لو أن القدر قد قدر أن هؤلاء سيكونون أصدقائك. يعكس رفقاء الروح هوياتنا وما هو مهم في حياتنا؛ علاوة على ذلك، فهم موجودون عندما تحتاج إلى شخص ما لأنهم يعرفون بالضبط من نحن.

تكوين صداقات حقيقية يستغرق وقتا.

الصداقات الحقيقية لا تحدث بين عشية وضحاها. مع مرور الوقت، تتشكل الصداقات الدائمة والحميمة من خلال الكيمياء الحقيقية بين المشاركين. مثل العلاقات الرومانسية، تعتمد الصداقات الحقيقية على نفس التبادل الكيميائي الأساسي الذي يتحدث مباشرة إلى كلا الطرفين المعنيين ـ مثل الأغنية الداخلية التي تتحدث مباشرة إلى كليهما. أنت تعرف متى يكون الأمر حقيقيًا لأن هذه الروابط لا تشكل نفسها ـ بل إنها موجودة مسبقًا وتتعرف عليها وتتصرف بناءً عليها. عندما يدخل أصدقاء الروح الحقيقيون حياتك لأول مرة، سيكون تأثيرهم

لا يمكن إنكاره: ستعرف على الفور أن الشخص الذي تتواصل معه على الفور هو المقصود لهم (مع وجودهم!)

يمكن لأصدقاء الروح أن يلعبوا دورًا لا يقدر بثمن في حياتك حتى نهايتها، سواء كان ذلك دورًا جسديًا أو روحيًا. نحن نعلم أنهم هناك، ونعلم أنه يمكننا رفع الهاتف والاتصال في أي وقت لنجدهم جاهزين للدردشة؛ هؤلاء الأصدقاء يجعلون الحياة تستحق العيش حقًا! وهذا ما يجعلها مميزة وضرورية بشكل لا يصدق.

على الرغم من أنه من السهل التعرف على أصدقاء أرواحنا من النظرة الأولى، إلا أن العالم غالبًا ما يجعل هذا الأمر صعبًا. ومع ذلك، بمجرد تكوينهم، يظل أصدقاء الروح مثابرين على الرغم من عدم ثقة ثقافتنا: لن يتخلوا عن البحث عنك ولن يتوقفوا عن المحاولة؛ بمرور الوقت، ستصبح الرابطة بينكما غير قابلة للتدمير وستكونان قد كونتا حليفًا مدى الحياة.

إليك كيف يمكنك أن تصبح ماهرًا في تكوين معارف جديدة:

هل فكرت كثيرا
هل سبق لك أن شعرت بالحرج عند مقابلة شخص ما، ثم سرعان ما شعرت بالراحة في وجوده بعد دقيقتين فقط من مقابلته؟ تذكر أن مقابلة شخص جديد لا تعطي أي فكرة عن شخصيته أو سلوكه؛ لذلك سيكون من غير المجدي بالنسبة لك أن تبالغ في تحليل كل شيء؟

ومرة أخرى، فإن افتراض أن مقابلة أشخاص جدد سيكون أمرًا مخيفًا لا يؤدي إلا إلى جعلك خائفًا في الوقت الحالي ويمكن أن يحول مقابلة شخص جديد إلى شيء لا يعجبك أو لا يعجبك تمامًا. في أغلب الأحيان عندما نشعر بالخجل تجاه الناس يكون ذلك بسبب الخوف الذي يمنعنا من إقامة علاقات ذات معنى تدوم مدى الحياة ـ فالتجارب السيئة مع الآخرين تعيق عملية النمو هذه بشكل كبير؛ ولذلك فمن الأهمية بمكان أن نزيل أنفسنا من وهم الاجتماعات المخيفة هذا في أسرع وقت ممكن! لمواجهة هذا الاتجاه والتأكد من أننا نشكل روابط ذات معنى، يجب علينا التخلي عن أي افتراضات حول مقابلة الأشخاص التي ستجعلنا خائفين أو حذرين أو نكره ذلك تمامًا ـ حرر نفسك من هذه الفكرة حتى تتحرر وتكون جاهزًا لتكوين روابط ذات معنى طويلة الأمد والتي يجب أن تستمر. مدى الحياة. ولذلك سيكون من الأفضل أن نزحزح أنفسنا من هذا الوهم بأن لقاء شخص ما سيجعلنا حذرين أو ستحدث لقاءات مقيتة؛ عادة ما يقودنا إلى هذا الطريق من الشعور بالحرج أو الخجل تجاه شخص ما (أو أي لقاء يحدث). لقد جعلتنا الحياة في صوامع فردية من العزلة مما يجعلنا متشككين، مما يجعل الحياة صعبة ومحاولة تكوين روابط دائمة قد يستغرق عقودًا! يكمن الحل هنا في تحرير نفسك من هذه الأسطورة القائلة بأن مقابلة شخص ما سيجعل مقابلة شخص ما أو أي شخص جديدًا ـ بدلاً من ذلك حاول تحرير نفسك من هذه الفكرة القائلة بأن مقابلة شخص ما تعني الخوف منه تمامًا من مقابلة فكرة أن مقابلة شخص جديد يعني القيام بأي شيء على الإطلاق ...

قد يكون لقاء الغرباء أمرًا شاقًا، لذا توقف عن التفكير الزائد في كيفية التعامل مع تلك المحادثة الأولى؛ كيفية بناء اتصالات ذات معنى يمكن أن تثري حياتك. إن الإفراط في التفكير في هذه العلاقات المهمة قد يؤدي إلى بقائنا أشخاصًا وحيدين ومعزولين ولا يتواصلون أبدًا بطريقة حقيقية أو دائمة مع بعضهم البعض كما ينبغي للبشر أن يفعلوا.

من يدري إذا كان الطرف الآخر متوترًا من مقابلتك؟ في هذه الأوقات المضطربة، يشعر معظمنا بعدم الثقة تجاه بعضنا البعض ويتساءلون عما إذا كان أي شخص نواجهه لديه دوافع ونوايا حقيقية عندما نلتقي به. على الأرجح يفعلون؛ لقد فقدت الثقة بين الأفراد.

استرخ وكوّن في ذهنك صورة إيجابية عن ذلك اللقاء الأول؛ الذي يصور الصحة. لسوء الحظ، قد يحكم عليك الكثيرون بشكل غير عادل من النظرة الأولى. الجميع يحمل افتراضات ثقافية حول أولئك الذين يستحقون المعرفة. من المحتمل أن تفعل ذلك أيضًا. إن مفتاح الانفتاح على الآخرين والسماح للكون بالتواصل معك هو الانفتاح على نفسك والسماح للأشياء بالظهور بشكل عضوي ـ وهذا يعمل العجائب! يدرك الأصدقاء الذين يستحقون وجودهم أن إصدار الأحكام بناءً على الخصائص السطحية فقط هو أمر غير حكيم. الخوف موجود فقط في أذهاننا ـ قم بإزالته! ضع جانبًا أي تصورات مسبقة ومخاوف، وثق بحدسك بدلًا من ذلك لتتمكن من قراءة الأشخاص بفعالية. ثق بنفسك وبمعرفتك ـ لقد تعلمت ما يكفي عن الأشخاص لتعرف متى يكونون صادقين أم لا، من خلال قراءة سلوكياتهم وأنماط كلامهم ومؤشراتهم غير اللفظية التي تكشف عن هويتهم الحقيقية! ثق بنفسك واعتمد على نفسك؛ لا يوجد شيء للخوف منه؛ لا داعي للشك أو التردد

أنت الآن أكثر من مستعد للانطلاق في التفاعلات الاجتماعية والعثور على أفراد متشابهين في التفكير كأصدقاء. مهاراتك المكتسبة حديثًا من ممارسة علم النفس الاجتماعي يجب أن تجعل البحث أسهل بكثير حدد بسرعة كبيرة من هو السيئ ومن هو الصالح. على الرغم من أن الذئب الكبير السيئ ربما لا يزال موجودًا، إلا أنك أصبحت فردًا بارعًا وقادرًا واعيًا اجتماعيًا؛ لم تعد عرضة للخداع من قبل أي شخص يسحب الصوف فوق عينيك. إن معرفتك الجديدة تجعل من السهل عليك معرفة من من بين الأشخاص الذين تقابلهم قد يصبح أصدقاءك الحقيقيين؛ لا مزيد من التخمين هنا ـ الآن بعد أن فهمت الحبال

تحرك بالسرعة التي تناسبك
إذا كنت قد انقطعت عن التواصل الاجتماعي لفترة طويلة، فقد يكون لقاء أشخاص جدد أمرًا شاقًا عندما تبدأ مجددًا (على سبيل المثال في ندوة أو حفلة). تعامل مع الأمر وفقًا لسرعتك الخاصة، ومع ذلك، يمكنك تجنب هذه المعضلة من خلال البحث عن الأصدقاء أو المعارف الذين تعرف أنهم سيكونون حاضرين في حدث قادم والالتقاء بهم قبل حضوره ـ وهذا سيريح عقلك عند معاودة الدخول في المواقف الاجتماعية. بحلول الوقت الذي تصل فيه إلى حدث ما، يجب أن يهدأ قلقك بشكل ملحوظ. إن معرفة أن شخصًا ما سيكون حاضرًا قد يقدمك للآخرين بينما من المحتمل أن يشعر أصدقاؤك بأي توتر تشعر به وسيكونون هناك لتقديم الدعم ـ لا تتردد أبدًا في طلب المساعدة من شخص تعرفه؛ هذا هو سبب وجود الأصدقاء! وكما اكتشفنا في هذا الكتاب ـ إفهم يقدمون دعمًا لا يقدر بثمن

هل تسعى إلى إعادة الحياة الاجتماعية بعد العزلة؟ فيما يلي بعض الحلول الفعالة لتسهيل عملية الانتقال:

ابدأ بالتواصل مع معارفك ـ مرحبًا وداعًا هي خطوة أولى سهلة مع الحد الأدنى من المخاطر.

قم بتوسيع دائرتك الاجتماعية لتشمل مجموعات صغيرة من الأصدقاء لديك بالفعل؛ ببساطة لمراقبة كيفية تواصل الناس؛ العودة إلى عادة التواجد حول الأشخاص في مجموعات دون الشعور بالخوف أو التخويف. لا داعي للترهيب؛ خذ الأمور ببطء.
قم بتوسيع دائرتك الاجتماعية من خلال الانضمام إلى أصدقائك في الاجتماعات التي يحضرونها مع أشخاص إجدد. عندما يسمعون أنك تريد أن تعيش حياة اجتماعية نشطة مرة أخرى، سيكون معظمهم سعداء بالمساعدة

اخرج من منطقة الراحة الخاصة بك واقبل الدعوات للاختلاط مع أشخاص خارج دائرة معارفك المعتادة. يقولون أن أحلى الفاكهة تكمن على الحافة، لذا اخرج! استمتع بتجارب جديدة مع أشخاص جدد بينما تتعلم المزيد عن نفسك وعن الآخرين على حد سواء ـ لماذا لا يرغب الناس في مقابلة شخص رائع وذكي مثلك؟

كن استباقيًا في التواصل الاجتماعي! اتخاذ نهج نشط للقاء أشخاص جدد.

بمجرد أن تشعر بالارتياح تجاه استئناف الاتصال الاجتماعي ولم تعد تشعر بالعزلة عن الآخرين، يمكنك البحث بشكل استباقي عن الأشخاص الذين تعرفهم بالفعل وكذلك الوافدين الجدد إليك. يوفر الأصدقاء والمعارف أساس التواصل الاجتماعي، ولكن يجب عليك التوسع أكثر في المجالات التي قد تكون غير مألوفة مثل:

انضم إلى مجموعة تشاركك هواياتك واهتماماتك الأخرى.

قم بالتسجيل للمشاركة في ورش العمل أو الالتحاق بدورات دراسية تعجبك، مثل ورش العمل أو الدورات الدراسية التي تشترك في الاهتمامات. سيكون من السهل عليك تكوين صداقات في مثل هذه المجموعات حيث يشترك جميع الأعضاء في أهداف مشتركة.

تطوع وستجد نفسك مستمتعًا بالخدمة أثناء تكوين صداقات جديدة في هذه العملية. ليس هذا فحسب، بل يوفر العمل التطوعي الطريقة المثالية لتطوير المهارات والقدرات التي ربما كنت تأمل في صقلها. مثل ورش العمل أو المجموعات، توفر مشاركة الاهتمام نقطة ترابط مشتركة بين أعضاء المجموعة التطوعية ـ ولا يختلف العمل التطوعي عن ذلك!
اقبل الدعوات لحفلات أعياد الميلاد والمناسبات الاجتماعية والتجمعات الأخرى حيث يمكن للأشخاص الذين تريد التواصل معهم الالتقاء. اخترق أي حواجز قد تمنع الأشخاص الذين ترغب في مقابلتهم من التقدم.

احضر المناسبات الاجتماعية و"اللقاءات" مع الأشخاص الذين يشاركونك نفس الاهتمامات. بالإضافة إلى ذلك، قد يساعد الخروج إلى الحانات بانتظام؛ هناك أشخاص في كل مكان يبحثون فقط عن شخص مثير للاهتمام للتحدث معه؛ ربما مثلك يريدون مخرجًا من العزلة أو الركود الاجتماعي أيضًا! أنت المسؤول الوحيد عن توسيع آفاقك ـ ولن يدفعها أحد إلى الخارج نيابةً عنك.

انضم إلى المجتمعات عبر الإنترنت ـ قد تكون هذه المجتمعات افتراضية، لكنني أعلم من تجربتي الشخصية أنها يمكن أن تؤدي إلى صداقات حقيقية. على سبيل المثال، التقيت بالعديد من أصدقاء العالم الحقيقي عبر الفيسبوك والمجتمعات الأخرى عبر الإنترنت؛ في بعض الأحيان، فإن مشاركة أفكارك كتابيًا يجعل التواصل أسهل من التواصل اللفظي؛ يمكن أن يساعد هذا في تعزيز الاتصالات الدائمة التي تدوم بعد الاجتماع الأولي! بالإضافة إلى ذلك، يمكنك تحليل أسلوب الكتابة للأصدقاء الجدد المحتملين قبل مقابلتهم فعليًا!

اخذ زمام المبادرة
ليست هناك حاجة للانتظار حتى يقترب منك الناس؛ بعد كل شيء، قد يكونون متحفظين مثلك. لا أحد يولد وهو يعرف أحداً باستثناء العائلة؛ وحتى في تلك الحالة، غالبًا ما يكون لقاء الأشخاص أمرًا صعبًا أو فاشلًا. ما عليك سوى التواصل مع الأشخاص باستخدام أسئلة بسيطة مثل "كيف حالك" و"من أين أنت". إن الانفتاح إتجاه من حولك سيحدث فرقًا لا يصدق في مدى سهولة انفتاح الناس عليك.

تذكر أنك تحاول كسر الجليد بينك وبين شخص غريب، فلا تبالغ في الحديث. كن ودودًا ولكن غير متطفل، ولا تصاب بالإحباط إذا لم يستجب الآخرون على الفور ـ ضع نفسك مكانهم كلما أمكن ذلك.

استخدم الدروس المستفادة من هذا الكتاب لتقييم موقفهم، والالتقاء بهم هناك. كن لطيفًا عند إصدار الأحكام على الآخرين ـ فالجميع يحكم على الآخرين في مرحلة ما! خذ وقتًا للارتباطات بين الأفراد حيث يأمل كلا المشاركين في الكشف المتبادل.

رفض أي إغراء لتصبح حكميا.

لا يوجد أحد مثالي ـ وهذا يشملك. تقودنا الطبيعة البشرية إلى تقييم الأشخاص بقسوة شديدة قبل التعرف عليهم، وهو ما ينبع من غريزة البقاء لدينا ويخبرنا بتجنب أولئك الذين يمكن أن يسببوا لنا خطرًا. لكن لدى الأشخاص المعاصرين أدوات أكثر فعالية تحت تصرفهم، بما في ذلك المهارات اللغوية غير اللفظية التي تسمح لهم بتحديد الأشخاص الذين لا يتناسبون مع ما يريدون في الرفيق.

إن البقاء منفتحًا على من نواجههم هو البوابة إلى صداقات أعمق، لأنه يساعدنا على أن نكون أكثر قبولًا لأنماط الآخرين أو مظهرهم أو مواقفهم. إن عدم رفض الأشخاص بسبب مراوغات بسيطة هو أمر أساسي لنصبح أكثر قبولًا لمن يمكنه الانضمام إلى دائرتنا ـ هذا هو السر! في بعض الأحيان، يصبح الشخص غير المتوقع هو أصدق صديق لنا بمرور الوقت. يبحث الجميع عن الصداقة ولكن يجب أن يسألوا أنفسهم باستمرار عما إذا كنا نفي بمعاييرنا الخاصة قبل اختيار الأصدقاء لقضاء حياتهم معهم. وكما ذكرت مرارًا وتكرارًا في هذا الكتاب، فإن معرفة نفسك هي المفتاح لمعرفة الآخرين ـ لا تتجاهل مواجهة التحديات التي تواجهك قبل استبعاد الأصدقاء المحتملين بسبب تحدياتهم!

الفصل السادس: فهم آلية التلاعب العاطفي

البشر كائنات عاطفية لا تهتم كثيرًا بالمنطق أو العقلانية، مما يدفعهم إلى اتخاذ القرارات بناءً على العواطف أكثر من المنطق والتفكير. وينعكس ذلك في التقارير الإعلامية؛ غالبًا ما يتم تصوير أو الإبلاغ عن الحوادث ذات التحيز العاطفي التي يمكن أن تثير ردود فعل مماثلة من الجماهير عند بثها لهم.

أحد العناصر المهمة في فهم كيفية استجابة الناس للإقناع يكمن في العواطف. توفر العواطف طاقة وفيرة تسمح لنا بإكمال أي مهمة بين أيدينا؛ وحتى البيع يتم تحديده من خلال المحفزات العاطفية التي يتم توليدها أثناء العروض التقديمية؛ لا يهم مدى منطقية عرض الأشياء؛ في نهاية المطاف يجب على العميل المحتمل شراء منتجك بسبب ردوده التي تم طرحها خلال تلك المحادثات.

ومن ناحية أخرى، يعتمد المنطق على الحقائق والأرقام؛ هذا هو الأساس المنطقي والمنطق وراء أي قضية مطروحة. لسوء الحظ بالنسبة لمندوبي المبيعات الذين يعتمدون فقط على المنطق عند بيع المنتجات والخدمات؛ إذا كانت فلسفتهم تعتمد بشكل أكبر على العواطف، فستأتي المبيعات بسهولة ونجاح أكبر.

هل تعتقد أن البشر كائنات عقلانية؟ وعلى أي أساس يملي المنطق تتشكل القرارات والآراء؟ هل يتفاعل الإنسان بشكل مختلف اعتمادًا على الحقائق المقدمة باستمرار؟ هذه كلها أسئلة أساسية للشخص المستفسر من أجل الحصول على نظرة ثاقبة حول كيفية تفاعل العواطف والمنطق، والتأثير على البشر الآخرين بشكل إيجابي بطريقة إيجابية.
إن قدرتك على تقديم معلومات منطقية عاطفيًا ستثير استجابات أكثر لدى جمهورك من مجرد نقل الحقائق والمنطق دون صدى عاطفي، مما يؤدي حتماً إلى عدم وجود ردود إيجابية من المستمعين. العقل يقنع الرجال بينما العاطفة تدفعهم إلى اتخاذ إجراءات حاسمة تؤدي إلى نتائج عظيمة.

دعونا نلقي نظرة على بعض الطرق التي يمكنك من خلالها التأثير على الآخرين من خلال مزيج من المشاعر والمنطق، مثل:

إنشاء هوية مشتركة مع الآخرين

إحدى طرق السيطرة على الناس هي من خلال بناء علاقة وإيجاد أرضية مشتركة معهم قدر الإمكان. يقول المثل الشائع "يتطلب الأمر شخصين للتشابك"، لذلك من أجل التأثير على شخص ما، يجب على كلا الطرفين المعنيين أن يتشاركا أهدافًا وخبرات وأفكارًا متشابهة ـ وبهذه الطريقة يصبح الأمر أسهل بكثير. تميل الأرضية المشتركة في الشراكات أو العلاقات إلى أن تكون أسهل عندما يتشارك الأشخاص في هويات متشابهة بدلاً من أن تكون الثقافات طبقة إضافية. عندما نخلق أوجه تشابه في الشخصية، فإننا نصبح متحدين من خلال الأهداف والغايات المشتركة، والدعم العاطفي من بعضنا البعض، ومنطق المعتقدات المشتركة، وتصبح مهمة الرؤية الجماعية المشتركة حقيقة.

استكشاف عميق لنظام معتقدات شريكك

لا يمكن للمرء أن يقيم علاقة عميقة أو مرضية للطرفين مع شخص لا يفهمه تمامًا من حيث سمات الشخصية والميول النفسية الضرورية الأخرى. ومع ذلك، من خلال دراسة نظام معتقداتهم بعمق، يمكنك فهمها بشكل أفضل والتأثير عليها تدريجيًا لصالحك.

البحث عن طرق للاعتراف بتحيزاتهم

غالبًا ما يكون التأثير على شخص لديه معتقدات مختلفة أمرًا صعبًا، بغض النظر عن جودة منطقك. بدلاً من ذلك، ابحث عن استراتيجيات فعالة لجذب تحيزاته من خلال اللعب بورقة التحيز بفعالية. كيف يمكنك أن تفعل هذا؟ وذلك بإشراكه مباشرة في هذه الأمور.
يتطلب جذب شخص ما معرفة أفكاره ونقاطه المفضلة ومن ثم تقديمها. مع هذا النهج، سيشعر هدفك بالاسترخاء من حولك ومن المرجح أن يمنحه إمكانية الوصول إلى حياته الخاصة.

تجنب القتال أو الهروب في مناقشاتك

إن التأثير على الأشخاص باستخدام المنطق والعاطفة يعمل بشكل أفضل عندما تتم الاجتماعات والمناقشات دون حالات سلوك القتال أو الهروب، مثل الصراعات وسوء الفهم في العلاقات التي تؤدي إلى الهروب أو القتال. في مثل هذه اللحظات، يُساء تفسير العقلانية، ولا تتحقق الأهداف، وتعجز الحجج عن إحراز أي تقدم في ظل أجواء القتال أو الهروب.

الفصل السابع: تجنب العلاقات والصداقات السامة وكيفية الوقاية منها

هدف المتلاعب الخبير هو تكوين علاقة غير صحية طويلة الأمد مع هدفه والحفاظ على السيطرة الكاملة عليه، الأمر الذي لن يفيده إلا نفسه. تتطلب الشراكة الفعالة دعمًا متساويًا بين المشاركين فيها. إذا بدا أن أحد الشركاء يقدم دائمًا المزيد، فقد تكون هذه علامة واضحة على أن زوجك قد لا يكون صادقًا بشأن نواياه في علاقتك. ويحدث التلاعب النفسي عندما يحاول أحد الأطراف خلق اختلال في توازن القوى بهدف الاستفادة من شخص آخر. قد يظهر التلاعب بطرق مختلفة، إلا أن القاسم المشترك بين الجميع هو أن فردًا واحدًا، وهو المتلاعب، سيستفيد بينما لا يمكن أن يتعرض فرد آخر ـ يُعرف عادةً بالضحية ـ للأذى. ينخرط بعض الأفراد في علاقات دون أن يدركوا أنهم دخلوا في علاقات سامة. للوهلة الأولى، قد تبدو شراكتهما غير ضارة دون أي إشارة إلى أن التوتر والتعقيدات اللاحقة تنتظرهما عند التعامل مع المتلاعب. إن أساليب الإكراه مثل هذه تمكن المتلاعبين من الوصول إلى هدفهم والسيطرة عليه دون معرفتهم شخصيًا. بطبيعة الحال، لن تبدأ العلاقات بالدراما أو استنزاف تكتيكات الاستقلالية من المتلاعب؛ عندما يبدأون هدفهم سوف يرونهم يتجهون في اتجاه آخر تمامًا؛ مع مرور الوقت، قد يصبح هذا النوع من النهج فعالاً مع مرور المزيد من الوقت.

من المرجح ألا تسبب لهم سلوكيات جذب الاهتمام الأولية أي مشاكل؛ ومع ذلك، عندما يصبح هدفهم شخصيًا ومهمًا للغاية لكليهما، فقد يشكل ذلك بعض العقبات أمام التقدم. عند هذه النقطة، يبدأ المتلاعب في تغيير الاستراتيجيات. لن يحدث هذا التغيير بين عشية وضحاها ولكن قد يستغرق عدة أسابيع للوصول إلى أهدافهم في الوقت المناسب. في هذه المرحلة، ربما أصبح تركيزهم منصبًا جدًا على الحفاظ على الزواج وتعزيزه بحيث يتم التغاضي عن أي مشكلات أو إساءة معاملة بسهولة أكبر من ذي قبل.

من الواضح أن هناك بعض المؤشرات التي تشير إلى كون شخص ما متلاعبًا في علاقتك. من الحكمة التحقق من هذه الإشارات إذا كنت تشك في أن أي شخص قد يكون سامًا ويسبب مشاكل أو يحتمل أن يتم استخدامه من قبل قوى خارجية كمؤثر أو متلاعب:

سيشجعك المتلاعبون على الخروج من منطقة الراحة الخاصة بك بطرق مختلفة، حيث يتم استخدام الضغط الاجتماعي والقوة البدنية والتلاعب النفسي كأسلحة لتحويل الاهتمامات بعيدًا عما ينبغي عليهم السعي إليه. لقد أصبحوا هم من يتحكمون ويضمنون أن مصالحهم تنحرف عن مسارها مع مصالح بعضهم البعض. لقد أصبحوا هم من يتمتعون بالسلطة عليك طوال هذه الرحلة.

بمجرد أن تبدأ ثقتك بنفسك في التراجع، يصبح التلاعب أسهل على أي شخص يحاول استغلالك. يتم استعادة ثقتنا منا بسرعة حيث يستغلها المتلاعبون بسرعة من خلال جعلنا نشعر بأننا أقل من رائعين واستغلال نقاط ضعفنا لتحقيق مكاسب شخصية.

العلاج السري. في هذه التقنية، يأخذ المرء أي إهانة صغيرة من المتلاعب به ويضخمها ليخلق موقفًا غير سار لنفسه ويهدد هدفه. نحن نستخدم المعاملة الصامتة من خلال توفير تنبيهات البريد الإلكتروني وإشعارات البريد الصوتي والرسائل النصية ورسائل البريد الإلكتروني حتى نقوم بإنهائها عند الضرورة. إن القدرة على إبقاء كل شيء تحت السيطرة مع معرفة متى ينتهي علاج الصمت لا يمكن إلا أن يجلب المزيد من المشاكل لهم ولجميع المعنيين.

رحلة الندم. لا أحد يحب الشعور بالمسؤولية، لذلك عندما نشعر بالذنب فإننا نبذل قصارى جهدنا للتخفيف منه في أسرع وقت ممكن. يعرف المتلاعب ذلك جيدًا وسيستخدم كل عذر يمكنه العثور عليه لشرح أفعاله. غالبًا ما تصبح الزيجات غير الصحية غارقة في صراعات لم يتم حلها والتي تظل دون حل لأسباب مختلفة، مع عدم حدوث أي اتصال بين الشركاء وعدم وجود نية لدى المتلاعب لحل النزاعات عمدًا. إذا كان هذا هو وضعك، فمن المحتمل أن يكون الأمر أسهل وأفضل إذا تظاهرت بالاعتقاد بأن الحوار قد بدأ أو انتهى بدلاً من العمل بشكل تعاوني معًا لحل هذه المشكلة.

الآن يمكننا أن نقدر أن هذا النهج في الزواج ليس مثاليا. لا أحد يريد أن يشعر بأنه محاصر في علاقة يبدو فيها دائمًا أن شخصًا آخر يتحكم في حياتنا ويتخذ القرارات نيابةً عنا، بدلاً من إدارة حياتنا بشكل مستقل بأنفسنا. لذلك، دون الاستفادة الكاملة من أنفسنا، يجب أن نجد من يدعم هذه الاستراتيجية دون أن نستفيد من أنفسنا. ومع ذلك، قبل المضي قدمًا بسرعة كبيرة جدًا، يجب علينا أولاً الإجابة على بعض الأسئلة الأساسية لتحديد ما إذا كان شريكنا متلاعبًا بالفعل. بمجرد الاطلاع على هذا الدليل، يجب أن يكون لديك فكرة أفضل عما إذا كانت صداقتك قسرية أم لا. بعض الإجراءات التي يمكنك اتخاذها لحماية نفسك هي الاعتراف بحقوقك في حالة حدوث إحدى هذه الشراكات. نظرًا لأن الصداقات يمكن أن تتطور بمرور الوقت، فقد يصبح من الصعب أن تتذكر كيفية الدفاع عن نفسك عندما يتجاهل المتلاعب احتياجاتك. يجب ألا تنسى أبدًا أنه يجب دائمًا الحفاظ على حقوقك الأساسية واحترامها دائمًا. هناك حريات مختلفة تحت تصرفك، كاحترام الآخرين، والتعبير عن الآراء والرغبات بحرية، وتحديد الأهداف الشخصية دون التأثر بالآخر، وقول لا للآخرين. علاوة على ذلك، فإن وجود آراء مختلفة عن أي شخص يمكن أن يضمن الأمن النفسي والعقلي والعاطفي ويسمح بعيش حياة مُرضية مستقلة عن فرد آخر إذا رغبت في ذلك.

قد يتم أخذ هذه الامتيازات منك على المدى الطويل بواسطة المتلاعبين (المتلاعبين). من خلال الحفاظ على الضوابط التي توفر اتخاذ قرارات فعالة والتصرف بناءً على ما تنص عليه، تساعد هذه الفوائد في الحفاظ على الضوابط. ولكن قبل الدخول في أي موقف مرة أخرى، تذكر أن تفكر في المستقبل. عندما تواجه أحدهم، كن ملتزمًا. خذ نصيحتك على محمل الجد عندما تتحدث علنًا ضد شخصية ذات سلطة تريد منك أن تتصرف ضد رغبتها.
استرد حرياتك، وخذ نفسًا عميقًا عند التحدث إلى صديق متلاعب، وحاول. أنت فقط سيد حياتك؛ لذا ابتعد. يعد الابتعاد أمرًا أساسيًا عند التعامل مع الأصدقاء المتلاعبين - افعل كل ما يلزم للبقاء بعيدًا! غالبًا ما يكون إبقائهم على مسافة ذراع من أفضل الممارسات. إذا كان هذا متأخرًا جدًا، فحاول على الأقل إنشاء بعض المساحة بينكما. إن منحهم فرصة أخرى للتعرف عليك وتقييم نقاط ضعفك ووضع خطط لاستغلال أي لقاءات مستقبلية مع شخص غير أمين لا يؤدي إلا إلى منحهم المزيد من الفرص للاستفادة منك واستغلال خططك المستقبلية. الابتعاد عن الأفراد غير الشرفاء هو الدفاع الفعال الأول والوحيد. عندما تشعر بحافز للتغيير، اتخذ المسار المعاكس. لاحظ أن المتلاعبين يحاولون جعلك تشعر بالسوء، في محاولة للمساعدة في جمع شملك واستخدامك مرة أخرى لمصلحتهم. سيكون من مصلحتك أن تبتعد عن هؤلاء الأشخاص؛ لا تقع في فهم بالاستسلام للشعور بالأسف تجاه نفسك أو دعم قضيتهم.

هناك جانب إضافي لسلوك المتلاعبين وهو استغلال نقاط الضعف لديك. بمجرد أن يعرفوا نقاط ضعفك، يمكنهم استغلالها بالكامل ضدك - مما يجعلك تشعر بعدم الكفاءة، وغالبًا ما تعاقب نفسك على الارتباك الذي تسببه، مما يجعل من السهل إلقاء اللوم على نفسك وغالبًا ما تعاقب نفسك باستمرار مع تصاعد العقاب منهم. إنهم يعلمون أن هذا سيسمح لهم بالحفاظ على السيطرة لأطول فترة ممكنة من خلال تغيير الأهداف باستمرار حتى لا تصل أبدًا إلى المعايير التي تحددها - مما يخلق ارتباكًا لا يغتفر يسمح لهم بمواصلة تحقيق وجهاتهم المقصودة.

لا تسمح لهذا التلاعب بالاستمرار. نسعى لاستغلالك وإلقاء اللوم عليك على أي عيوب قد تكون موجودة حتى تستمر في الشعور بالسوء وتطلب التحقق منهم حتى تشعر بالتحسن. احذر من ادعاءات المتلاعب بأن كل هذا اللوم يقع عليك وحدك ـ فلا شيء منه هو مسؤوليتك حقًا؛ كل هذا يتم ببساطة لجعلك تشعر بالسوء.

إن جعل الشركة وامتيازاتك أكثر عرضة للعطاء، ومعرفة السبب وتعلم قول لا، سيقلل من سيطرة المتلاعب عليك. إن معرفة السبب ونعم وتعلم كيفية قول لا هي حقوق أساسية ناقشناها سابقًا، ومع ذلك يفشل الكثيرون في التعبير عنها كل يوم. معرفة الوقت المناسب لك يعني مزيدًا من التحكم لجميع المشاركين! إن معرفة الوقت الذي يأتي فيه دورك يتطلب بعض التعلم إذا كنت تريد تجنب أن تصبح جزءًا من مخطط التلاعب الخاص بهم. معرفة لماذا نعم تعني نعم ولكن تعلم أن تقول لا إذا لزم الأمر. هدف المتلاعبين بالشراكة هو قول نعم دائمًا على الرغم من المعلومات والاستراتيجيات التي يستخدمونها عليك إذا كان ذلك يجعلهم مرتاحين لقول نعم عندما لا تكون هناك حاجة للتعبير عن الأشياء ـ يجب التوسع في فهم هذا الحق الأساسي نظرًا لأن هذا الحق الأساسي قد يتم إهماله على العديد من الجبهات عند التحدث لا يتم إعطاء ما يكفي من الاهتمام أو التدرب عليه كل يوم سواء من خلال تقنيات التلاعب أو الفشل في توصيله بشكل كامل على أسس يومية عند الحاجة.

إذا كنا نخشى إيذاء مشاعر شخص ما ونشعر بالقلق من أن موقفهم قد يتغير إذا رفضنا المساعدة لهم، فإن قول نعم يمكن أن يتركنا نبكي في كثير من الأحيان ـ يتطلب الأمر شجاعة كبيرة لقول نعم لشخص آخر! لسوء الحظ، يحدث هذا بشكل منتظم تقريبًا مع مناور. تخيل التعامل مع مناور. قد تكون معرفة كيفية تأكيد نفسك ضدهم أمرًا صعبًا في البداية، لكن معرفة كيفية التحدث علنًا ضد تلاعبهم بشكل فعال سيمنحك القدرة على التحكم في موقفك. لن يحب الجميع هذا القرار ويجب عليك النضال من أجل الحفاظ على استقلالك. إن قول "لا" دون الشعور بأي ندم سيسمح بنمط حياة أكثر حرية وصحة بشكل عام؛ لا ينبغي أبدًا النظر إلى العلاقات السامة على أنها شيء إيجابي. تتضمن الشراكة مع المتلاعبين الدخول في علاقة تعتمد على تلبية احتياجاتهم، مع خسائر محتملة لكلا الطرفين في الوقت المناسب. لسوء الحظ، فإن تدريبهم على التفكير بهذه الطريقة يجعلهم غير مدركين لتورطهم في مثل هذه العلاقات إلا بعد فوات الأوان. الخطوة الأولى في حل أي أزمة زوجية يجب أن تكون تعلم كيفية اكتشاف علامات الخداع أو الإكراه أو غيرها من الصعوبات التي قد تصيب علاقتكما. يستغرق الزواج وقتًا وشجاعة، خاصة وأن هدفه الأساسي كان منذ فترة طويلة بناء الثقة واحترام الذات خلال الأوقات الصعبة. ولكن عندما يجتمع كل شيء معًا بنجاح ويحقق الهدف حلمه أخيرًا، يمكن أن تكون المكافآت كبيرة.

تعلم أين تقف وعززه؛ عندها قد ترى أن الحياة تتغير دون الحاجة إلى استخدام مصدر خارجي للقيام بذلك نيابةً عنهم.

الإقناع عندما يحاول الناس فهم ما يعنيه "الإقناع"، فإن إجاباتهم غالبًا ما تختلف بشكل كبير. في حين أن البعض قد يوجه أفكاره نحو الإعلانات أو الإعلانات التجارية التي تشجع المستهلكين على تفضيل منتجات أو خدمات معينة على منتجات أو خدمات أخرى، فقد يتجه آخرون نحو السياسيين الذين يحاولون تغيير رأي الناخبين من أجل الفوز بأصوات إضافية في صناديق الاقتراع ـ كلا المثالين يخدمان الغرض. من الإقناع. يعد كلا النموذجين أمثلة صالحة لأن هذه الرسائل تحاول تغيير تصور الناس للموضوعات قيد المناقشة.

يختلف الإقناع المظلم عن الإقناع العادي من حيث أن دوافعه لا تفيد دائمًا أولئك الذين يتم إقناعهم؛ يحاول المقنعون العاديون الإقناع لصالح أولئك الذين يقتنعون، بينما يسعى المقنعون السود غالبًا إلى دوافع مربحة لا تكون دائمًا مفيدة لأولئك الذين يتم إقناعهم. يجب على المقنع المظلم أن يكتسب المعرفة والفهم الكاملين لمن يرغب في التأثير عليه من أجل تحديد ما يحفزه بشكل أكثر فعالية قبل الانخراط في أي سلوك مقنع أو مقنع من ذلك الشخص قبل المضي قدمًا في التكتيكات أو تكتيكات الإقناع إذا كان ذلك مناسبًا.

على الرغم من أن الإقناع له دائمًا تداعيات أخلاقية، إلا أن المقنعين السود لا يميلون إلى القلق كثيرًا بشأن هذه العواقب. وعلى الرغم من إدراكهم لها، يظل تركيزهم مباشرًا على تحقيق هدفهم (أهدافهم).

الإقناع هو ظاهرة نفسية يومية. يمكنك إما أن تكون الشخص الذي يقنع شخصًا آخر أو يتم إقناعه، مع كون الدافع هو المفتاح. يلعب الإقناع دورًا كبيرًا في وسائل الإعلام والسياسة والإعلان والقرارات القانونية على حدٍ سواء، حيث يتم تحديد فعاليته من خلال الأساليب المختلفة المستخدمة في الإقناع والتي تؤثر على موضوعه.
يبرز الإقناع كشكل متميز وأساسي للتحكم في العقل من غسيل الدماغ والتنويم المغناطيسي، وكلاهما يتطلب عزل الشخص من أجل تغيير عقوله وهوياته؛ فالإقناع لا يقتضي العزلة كجزء من منهجيته.

لتحقيق أهدافنا المرجوة، يتم استخدام التلاعب ضد مواضيع فردية؛ ويمكن أيضًا استخدام الإقناع على فرد واحد؛ ومع ذلك، فإن التلاعب واسع النطاق يمكن أن يغير معتقدات وقرارات مجتمعات بأكملها أو حتى مجتمعات محلية.

قد يكون الإقناع أكثر فعالية في تغيير الأفكار من التلاعب المباشر لأنه يمتلك القدرة على التأثير على عدة أفراد في وقت واحد.

يخطئ العديد من الأفراد في الاعتقاد بأن لديهم مناعة ضد الإقناع لأنهم يعتقدون أنهم سيكونون دائمًا قادرين على رؤية كل عرض مبيعات يأتي في طريقهم واستخدام المنطق للوصول إلى نتيجة مناسبة.

لن يستسلم الأشخاص دائمًا لكل الحجج المقدمة، خاصة إذا تم استخدام المنطق. بالإضافة إلى ذلك، قد لا يترسخ الإقناع إذا كانت الحجة لا تتوافق بشكل جيد مع معتقدات شخص ما على الرغم من مدى قوة مؤيدها

ولكن هناك أشخاصًا يفهمون كيفية استخدام الرسائل المقنعة لإقناع الآخرين بشراء أدوات أو منتجات جديدة في السوق. غالبًا ما لا يتم اكتشاف إقناعهم الخفي من قبل الهدف، مما يجعل من الصعب عليهم تكوين آراء حول المعلومات المقدمة لهم.

في أي وقت يتم فيه ذكر الإقناع، يميل المرء إلى ربطه بارتباطات سلبية مثل المحتالين أو مندوبي المبيعات الذين يحاولون إقناعك بأن تغيير وجهة نظرك سيفيدهم ويدفعهم حتى يحدث هذا التغيير.

يمكن استخدام الإقناع في الخير والشر؛ الإقناع في ممارسات البيع والخداع هما مثالان، مع استخدام الإقناع في كلا الاتجاهين؛ على سبيل المثال بين الهيئات الدولية أو في حملات الخدمة العامة التي تستخدم الإقناع كجزء من الاتفاقيات الدبلوماسية والحملات من أجل القضايا الجيدة هي أمثلة على الإقناع المظلم المستخدم بفعالية ولتأثير إيجابي على التوالي. الأمر كله يتلخص في كيفية تفعيل عملية الإقناع هذه

الفصل الثامن: تقنيات الإقناع المظلمة المتقدمة

عند السعي لتغيير رأي شخص ما عن طريق الإقناع، فإنه سيحتاج إلى أدوات واستراتيجيات للتنفيذ الناجح لأساليب الإقناع من أجل تحقيق النجاح.

كل يوم يمر سيقدم لهدفهم أشكالًا مختلفة من الإقناع. سيكون هدف صانعي الأغذية هو إقناع المستهدفين بتجربة وصفاتهم الجديدة أو الاستمرار في وصفاتهم القديمة؛ يمكن للاستوديوهات الإعلان عن أحدث أفلامها الرائجة مباشرة عليها.

بغض النظر عن المنتج الذي يبيعونه، فإن هدفهم الرئيسي هو زيادة المبيعات؛ ومن هنا جاءت محاولاتهم للإقناع. على الرغم من أنهم لا يفكرون في كيفية تأثير ذلك عليك بشكل مباشر، لذلك يجب عليهم استخدام تقنيات الإقناع الدقيقة حتى لا ينبهوا العملاء المحتملين أو يزعجوهم. نظرًا لأنه قد يكون هناك أيضًا العديد من العلامات التجارية التي تحاول إقناعك، يجب على كل منها أن تجد طريقتها الخاصة لإقناع مشاهديها بوجهة نظرها.

نظرًا للتأثير البعيد المدى للإقناع، فقد تمت دراسة تقنياته منذ العصور القديمة. التأثير هو رصيد لا يقدر بثمن يمكن لأي شخص الاستفادة منه عبر العديد من الظروف والثقافات المختلفة.

ابتداءً من أوائل القرن العشرين، بدأت الدراسات الرسمية لتقنيات الإقناع في تحقيق نقدم. تذكر أن الإقناع ينطوي على دفع حجة إلى الأمام تقنع الجمهور وتجعلهم يقبلون هذه الرسالة كطريقة جديدة لعيش حياتهم. ولذلك، هناك حاجة كبيرة لاكتشاف تقنيات الإقناع الفعالة.

هناك ثلاث تقنيات إقناع غامضة أثبتت قيمتها بمرور الوقت وسنناقشها في هذا القسم.
خلق حاجة
إحدى الإستراتيجيات الفعالة لإقناع شخص ما بتغيير وجهة نظره أو أسلوب حياته هي خلق أو الاستفادة من حاجة موجودة بالفعل لذلك الفرد، ويفضل أن يتم ذلك بطريقة جذابة ومرغوبة من قبله. إذا تم تنفيذ هذا التكتيك بشكل فعال ومناسب، فيمكن أن يحقق نجاحًا كبيرًا في تحقيق الهدف المقصود.

يجب على المقنعين معالجة ما يهم جمهورهم المستهدف من أجل النجاح في الإقناع ـ مثل تحقيق الأحلام أو زيادة احترام الذات ـ أو توفير المأوى أو الحب أو الطعام.

يعمل هذا النهج دائمًا بشكل جيد لأنه يفترض أن أي موضوع يحتاج إلى نوع من المساعدة بشكل أو بآخر ـ بمعنى آخر، لا يوجد أحد محتاج لشيء ما في الحياة ـ يحتاج المقنع ببساطة إلى العثور على الطرق التي يمكنهم من خلالها مساعدة الضحية على تحقيق هذه الأحلام بسرعة وكفاءة أكبر.

غالبًا ما يقنع المقنعون هدفهم بأن إجراء تعديلات معينة على معتقداتهم أو وجهة نظرهم سيساعدهم على تحقيق أحلامهم بشكل أسرع، مما يزيد من احتمالية النجاح.

مثال: قد يعد شاب يبحث عن علاقات حميمة امرأة بأنه سيساعدها على تحسين درجاتها ويجعل والديها في ولكن فقط إذا أصبحت صديقة له. في حين أن هذه السيدة قد تعتقد A، النهاية فخورين بالحصول على درجة

أن هذا الشاب يهتم حقًا بمدى أدائها الأكاديمي، إلا أنه في الواقع قد لا يهتم إلا بالتقرب منها والتفاعل معها إجنسيًا ـ فالأكاديميون مجرد ذريعة لمزيد من اللقاءات الجنسية

نداء إلى الاحتياجات الاجتماعية

قد يستخدم المقنعون تكتيكًا آخر للإقناع: تحديد الاحتياجات الاجتماعية لهدفهم. على الرغم من أن هذه التقنية قد لا تحقق نتائج فورية، إلا أنها لا تزال تمثل رصيدًا لا يقدر بثمن في أدواتهم.

يميل الأشخاص الذين لديهم ميل للحشود ويبحثون عن الاهتمام إلى الانجذاب نحوهم بشكل طبيعي، ويسعون إلى القبول من خلال الانضمام إلى مجموعات أو الحصول على عناصر محددة كرموز للمكانة التي تمنحهم الشعور بأنهم ينتمون إلى طبقة أعلى.

من خلال مناشدة احتياجاتهم الاجتماعية، تحقق العديد من الإعلانات التليفزيونية نجاحًا في جذب قرارات الشراء لدى المشاهدين حتى لا "يفوتوا الفرصة". عندما يتمكن المعلنون من تحديد الاحتياجات الاجتماعية المحددة لهدف ما ومخاطبتها، يمكن أن يفتح ذلك مجالات اهتمام جديدة لتلك الشخصية المعينة. الكلمات والصور المستخدمة كإشارات محملة

عند إقناع شخص ما، فإن الكلمات لها أهمية كبيرة ويجب اختيارها بعناية حيث يمكن أن يكون لكل منها تأثيرات مختلفة. قد تكون هناك طرق عديدة لقول نفس الشيء، ولكن قد يكون أحد الأساليب أقوى من الآخر.

يتطلب الإقناع معرفة متى وكيف تقول الكلمات الصحيحة في الأوقات المناسبة؛ الكلمات هي دائمًا أدوات أساسية للتواصل، ومعرفة الكلمات المناسبة التي تحث المستخدم على اتخاذ إجراء أمر بالغ الأهمية لنجاح الإقناع.

يعد الإقناع المظلم أحد أقوى أدوات علم النفس المظلم، ومع ذلك غالبًا ما يتم الاستهانة به وإهماله. وربما يرجع ذلك إلى كون الإقناع فريدًا من نوعه كمحاولة للسيطرة على العقل؛ على عكس بدائلها التي تجبر على الخضوع لهدف غير راغب دون مشاركته؛ ومع ذلك، على عكس الإقناع، تظل القرارات المستهدفة مفتوحة مع تدخل محدود منها وفي بعض الأحيان تكون معزولة للتأثير على نتائج العملية.

يعمل الإقناع بشكل أفضل عندما يتم الكشف عن جميع الأوراق (وإن كان ذلك مع نوايا خفية في الإقناع المظلم) حتى يتمكن هدفه من اتخاذ القرار الذي يخدم مصالحه على أفضل وجه.

الفصل التاسع: غسيل الدماغ

في حين أن غسيل الدماغ قد يشير إلى تغيير أفكار ومعتقدات الآخرين ضد إرادتهم أو دون موافقتهم، فإن تعريفه الحقيقي أكثر اتساعًا؛ وهو ينطوي على أي محاولة منهجية للإكراه والإقناع تستخدم لتغيير اتجاهات الفرد أو تغيير سلوكياته من أجل تغيير أنماط السلوك وتغيير النتائج السلوكية.

لقد تم استخدام تكتيكات غسيل الدماغ منذ فترة طويلة كجزء من برامج التلقين السياسي لحمل الناس على تغيير معتقداتهم حول السياسة أو المذاهب الدينية، وخاصة داخل المجموعات الدينية. في المقام الأول، يعمل غسيل الدماغ عن طريق استبدال معتقدات الضحية بتلك التي يفضلها آسرهم ومناسبة للبيئة التي يعيشون فيها.

يتضمن غسيل الدماغ تجريد الفرد من كل حريته واستقلاله وسلطة اتخاذ القرار؛ تعطيل عادات الفرد وسلوكه اليومي بطريقة تتطلب الطاعة الكاملة لسلطة آسره في كل جانب. غالبًا ما يشتمل غسيل الدماغ على الإيذاء الجسدي بالإضافة إلى التهديد بالإصابات أو الموت إذا لزم الأمر أو السجن مدى الحياة قبل غرس معتقدات جديدة كوسيلة مقبولة لحياة مستنيرة.

تهدف تقنيات غسل الدماغ إلى تنمية الثقة الطفولية بين الضحية والآسر، مع تشجيع الضحايا على الاعتراف بجرائم الماضي أو ارتكاب أخطاء سخيفة أو تافهة خوفا من الظهور بمظهر المذنب قبل أن يتاح للآخرين الوقت الكافي لغسل دماغهم. إذا تم أيضًا غسل أدمغة خاطفين آخرين أمامهم، فيمكن لهؤلاء الأفراد المساعدة في تعزيز هذه العملية من خلال انتقاد وإظهار الاستياء مما فعله الضحية أو فشل في فعله أمام أفراد المجتمع الآخرين.
بمجرد أن يتم غسل الدماغ، يبدأ الخاطفون في تلقي الموافقات والمكافآت على أفعالهم. شاهد هذا الفيديو لمعرفة كيف يمكن أن يكون غسل الدماغ جزءًا من علم النفس المظلم

يحدث علم النفس المظلم عندما يستخدم شخص ما أساليب غسيل الدماغ للتأثير على شخص آخر ضد إرادته والتلاعب به أو التأثير عليه ضد إرادته. يمتلك كل منا إرادة حرة، مما يعني أنه يجب علينا اتخاذ قراراتنا الخاصة، والارتباط بحرية، واختيار من نرتبط به بحرية؛ عندما يتم انتزاع هذه الحرية بالقوة أو الإكراه فإنها تشكل سيكولوجية مظلمة.

الأشخاص الذين يعيشون في علاقات مسيئة يكونون عرضة لغسيل الدماغ. وقد يمنع الزوج زوجته من مخالطة بعض الأصدقاء بحجة أنهم سيؤثرون سلباً عليها، وعليها أن تتخذ قرارها بنفسها في هذا الأمر عندما تنضج. أو ما هو أسوأ من ذلك، إجبار شريكهم على عدم ارتداء أنواع معينة من الملابس بدعوى أنها غير جذابة حتى يتمكنوا من السيطرة عليها بشكل أفضل.

إن العيش مع شريك مسيء أمر مربك ومرهق في نفس الوقت، وغالبًا ما يجعل الحياة أكثر تعقيدًا بالنسبة لجميع المعنيين. سوف يلومونك ويتلاعبون بك بسبب أشياء لم تكن مسؤوليتك أبدًا؛ للحفاظ على رضاهم، قد تنفصل عن العائلة والأصدقاء، أو تغير طريقة ملابسك أو آرائك السياسية؛ يصبح الأمر كله متعلقًا بهم مقابلك.

تحدث العلاقة المسيئة عندما يستخدم أحد الشركاء أساليب غسيل الدماغ للتلاعب بشريكه والسيطرة عليه. ونتيجة لذلك، يصبحون معتمدين عليهم في اتخاذ قرارات بسيطة مثل اختيار العشاء. تدور حياتهم فقط حول

جعل شريكهم سعيدًا بأي ثمن عليهم؛ وما يشكل الحب أو كيفية التعبير عنه يتم تحديده من قبلهم وحدهم ـ ومن بعد ذلك يقرر ما يجب أن يشكل السعادة على حسابهم والعكس صحيح. يصبح المعتدي بعد ذلك مسؤولاً عن تعريف الحب كما يتم التعبير عنه من خلالهم وكذلك أي شيء خاطئ في حياة الضحية ـ بدءًا من ما يحتاج إلى تحسين يجب عليهم القيام به أو حتى كيف يجب أن يتصرفوا وفقًا لذلك وما يشكل السلوكيات المناسبة وفقًا لما يحدده شريكهم المسيء. يجب التعبير عن الحب وتحديد كل شيء يتعلق بحياة تلك الضحية إلى حد كبير ـ وما الذي يريده المعتدي بالضبط فيما يتعلق بالسلوك وفقًا لكيفية تصرف الشخص وما هي السلوكيات التي قد تشكل مدى ملاءمة هذه العلاقة بالضبط.

الإساءة تأتي في أشكال عديدة. في أغلب الأحيان من خلال الإيذاء العاطفي والنفسي والجسدي. وبمجرد وصولهم إلى قبضتهم، لا يستطيع الضحايا في كثير من الأحيان الهروب منها.
وسرعان ما يجد الشريك المسيء طرقًا لإسقاط شريكه من خلال التعليقات المهينة والإهانات، من أجل الاستمرار في غسيل الدماغ والإساءة. من أجل بقائهم النفسيين، ستكون هناك أحيانًا فترات يتوقف فيها المعتدي ويظهر اللطف تجاه ضحيتهم ـ مما يخلق روابط صدمة تجعل الضحية يرغب في إسعاد المعتدي عليه حتى يعامل بالدفء واللطف في المقابل.

يقع غسيل الدماغ ضمن علم النفس المظلم حيث يصبح ضحيته محاصرًا في حياته الخاصة. قد يحجب الشريك المسيطر في العلاقة الموارد مثل السيارات أو المال أو الطعام عن شريكه ـ مما يحوله إلى سجين داخل منزله، مما يثير الخوف في نفوسهم ويغير كيفية رؤيتهم للعالم من حولهم.

تصبح حياة الضحايا الذين تعرضوا لغسيل المخ مستهلكة بأفكار إرضاء المعتدي عليهم، حتى بدون ارتكاب أي عنف جسدي ضدهم. حتى بدون حدوث أي اعتداء جسدي، فإن حياتهم تستمر في ظل وجود المعتدي عليهم؛ ونتيجة لذلك، غالبًا ما تظهر الآثار النفسية مثل اضطرابات القلق والاكتئاب كأعراض عملية غسيل الدماغ باختصار

غسل الدماغ هو أسلوب منهجي يهدف إلى تجريد الشخص من هويته وتغيير معتقداته ومواقفه وقيمه مع تغيير عمليات التفكير أيضًا. يستخدم المتلاعبون خطوات أو مراحل مختلفة كأدوات لغسل دماغ ضحاياهم

الشعور بالذنب
في العلاقة، يختار المتلاعبون باستمرار الحجج التي يظهر فيها ضحاياهم على أنهم مخطئون، مما يجعلهم يشعرون بالذنب تجاه كل خلاف ويقودهم إلى الشعور بالخجل من كل شيء ـ وهذه هي المرحلة الأولى في غسل دماغ الشخص.

خيانة الذات
إن الإجبار على التنديد بالعائلة والأصدقاء يدمر إحساس المرء بذاته بينما يزيد من مشاعر الذنب؛ تعمل هذه الأحاسيس على التحرر من ماضيهم مع خلق مساحة لخلق هوية جديدة.

نقطة الانهيار
عندما يشعر ضحايا الاعتداءات الجسدية واللفظية والنفسية أنهم خانوا أنفسهم وأجبروا على الشعور بالذنب، فقد يصلون إلى نقطة الانهيار وينهارون عاطفيًا ونفسيًا. قد يكون البكاء الذي لا يمكن السيطرة عليه والمعاناة من نوبات القلق علامات على أن شيئًا ما قد انكسر بداخلهم؛ فهم يخشون نفسيًا أنهم يفقدون أنفسهم تمامًا ويعيشون في خوف دائم من فقدان أنفسهم تمامًا.

عندما يشعر الضحية بالعجز أمام نفسه، يقدم الظالم اللطف كفترة راحة من الاعتداء على هويته. في مثل هذه اللحظات من الضوء الذي يبرز حيث كان هناك ظلام، يشعر الضحايا بالامتنان العميق تجاه مهاجميهم ـ وهي خطوة متعمدة من قبل المعتدين عليهم قبل البدء في مهاجمتهم مرة أخرى.

في الوقت الذي يشعر فيه الضحايا بالامتنان للمعتدي عليه لمساعدتهم في الوصول إلى الأمان، غالبًا ما يبدو الجانب القاسي من معاملته/معاملتها أكبر. قد يشعرون أنهم مدينون بشيء ما ويشعرون بأنهم ملزمون بسداد لطفه ـ غالبًا من خلال الاعتراف بأخطائهم المتصورة لتخفيف أي ذنب قد يشعرون به.

توجيه الشعور بالذنب

من المرجح أن تصبح أي مشاعر بالذنب والعار التي يشعر بها الضحايا معقدة بسبب الاعتداء المتزايد على هويتهم، مما يجعلهم غير متأكدين من الإجراءات أو القرارات التي قادتهم إلى الاعتقاد بأنهم ارتكبوها، ويعتقدون بدلاً من ذلك أنه يجب عليهم تحمل المسؤولية. بمجرد أن يدرك المعتدي أن الذنب موجود بداخله، فإنه يستخدمه لنفسه، عادةً عن طريق إقناع الضحية بأنه عاش حياة مليئة بالقرارات والأيديولوجيات السيئة؛ يقترحون بدلاً من ذلك أن ينفتحوا على وجهات نظر جديدة من أجل التغيير.

العار المنطقي غالبًا ما يعتقد الضحية أن ذنبه يكمن في الأيديولوجيات المفروضة من الخارج؛ يصبح المعلمون والأيديولوجيات هدفًا للوم بدلاً من رؤية أي تلاعب في اللعب. تصبح الاعترافات إحدى طرق تخفيف الذنب حيث يتجاهل الفرد عقليًا أي أفعال يتم القيام بها في ظل هذه الأيديولوجيات "الخاطئة" ـ وبالتالي ينأى بنفسه عنها رمزيًا، وبذلك يؤدي إلى تشويه هذه التصورات للأيديولوجية الخاطئة تمامًا.

التقدم والانسجام

إن رفض الإيديولوجيات القديمة يخلق فرصة لظهور التقدم والوئام، حيث يتعين على المعارضين لها الآن أن يبحثوا عن وجهات نظر بديلة لتحل محلها. وإذا بدت هذه الأمور متوافقة ومناسبة لاحتياجاتهم، فإن العملية تتسارع بشكل كبير ـ مما يوفر السلام في مكانها. في هذه المرحلة، يسود الهدوء، ليحل محل أي إزعاج كعقاب، تم التعامل مع أولئك الذين تم أسرهم فجأة كأبطال ويتم قبول الأفراد طيبي القلب كبدائل ليحلوا محل الأفكار الخاطئة في أيديولوجيتهم القديمة.

القبول النهائي والولادة الجديدة

بمجرد أن واجهوا التناقض الصارخ بين ألم الماضي والوعد المستقبلي الذي قدمته أيديولوجيتهم الجديدة، تخلى الضحية تمامًا عن أي ولاء للأيديولوجية القديمة من خلال الكشف عن أي أسرار متبقية؛ في تلك اللحظة استحوذوا على الملكية الكاملة لأيديولوجيتهم الجديدة.

تشير إعادة الميلاد إلى هذه العملية، واعتمادًا على أيديولوجية الفرد، قد تشمل طقوس العبور التي تغلق الشخص تمامًا في نظامه الجديد. قد يتضمن ذلك تصريحات قوية يتم التحدث بها بصوت عالٍ لقبول الأيديولوجيات الجديدة وأداء قسم الولاء للقادة الجدد.

غسل الدماغ: استكشاف تأثيره

يتضمن غسيل الدماغ، كما أوضحنا سابقًا، تغيير أنماط تفكير الشخص ومعتقداته واتجاهاته من أجل التحكم في سلوكه والسيطرة عليه. غالبًا ما تحدث هذه الممارسة لصالح المتلاعبين ولكن يمكن أن يكون لها تداعيات مدمرة؛ هناك أشكال مختلفة من التأثير الذي يمكن أن يحدثه غسيل الدماغ، مثل:

لغسل الدماغ تأثير مدمر على احترام الضحية لذاته. يشعرون أنهم لا يرقون إلى المستوى المطلوب وأن أي شيء يفعلونه ليس جيدًا بما فيه الكفاية، مما يقودهم إلى طريق الانتحار أو الاكتئاب.

اضطرابات القلق ـ غالبًا ما يفقد الشخص الذي يتعرض لغسيل دماغ إحساسه بهويته ويصبح معزولًا عن الأشخاص الأقرب إليه. يُجبر الضحايا على التغيير عما كانوا عليه في السابق، ويصبحون قلقين باستمرار لعدم القيام بالشيء الخطأ وقد يصابون باضطرابات القلق التي تؤثر على السلوكيات الخارجية.

الاكتئاب ـ يميل الضحايا الذين تعرضوا لغسيل دماغ إلى العزلة عن أحبائهم والعالم الأوسع، وينصب تركيزهم فقط على إرضاء آسرهم وتلقي أي لطف يقدمونه في المقابل. مع عدم وجود أحد يتحدثون إليه وتجاهل كل من حولهم لمشاعرهم، قد يبدأ الاكتئاب، مما يعيق العلاقات مع الآخرين.

الافتقار إلى احترام الذات ـ إن الإساءة المستمرة من قبل آسرهم وانتقادهم كافية لجعل الضحية تعتقد أنه لا قيمة لها وتخشى اتخاذ أي قرارات لأنها تعلمت أنها لا تستحق.

العيش في خوف ـ يستخدم غاسلو الدماغ تكتيكات الخوف للتأثير على ضحاياهم، مما يجعلهم خائفين من أن شيئًا سيئًا ينتظرهم بالقرب منهم وأن الحياة بشكل عام غير آمنة وغير ودية. يعيش ضحيتهم مع هذا القلق المستمر من أن كل شخص يمكن أن يشكل خطرًا إذا غامر بالخروج، بينما يستخدم الخاطفون التهديدات بعواقب ضد ضحيتهم إذا لم يفعل ما يطلبه الخاطف.

تغيير المعتقدات ـ الهدف الأساسي للآسر هو تشكيل معتقدات ضحاياه للتحكم في سلوكهم وإبقائهم تحت سيطرتهم. بغض النظر عما إذا كانت معتقداتهم أخلاقية؛ وطالما أنها تعارضت مع أيديولوجياته أو معتقداته، فهي لم تكن جيدة بما فيه الكفاية.

اعتمادًا على نية الآسر أو المعتدي، يكون لغسل الدماغ تأثيرات مختلفة على الضحايا اعتمادًا على تطبيقه. لذلك، من الضروري تحديد أي تقنيات وحيل يستخدمها الجناة المحتملون لتجنب الوقوع فريسة لتقنيات غسيل الدماغ التي يستخدمها ممارسون علم النفس المظلم. فيما يلي بعض هذه التقنيات الشائعة عند المشاركة في جلسات علم النفس المظلم.

يحدث غسيل الدماغ عندما يستخدم الأفراد أو المجموعات أساليب مخادعة للتأثير على الآخرين وإقناعهم ضد إرادتهم بتغيير معتقداتهم دون موافقتهم، وغالبًا ما يتم ذلك باستخدام تقنيات نفسية مثل علم النفس المظلم. تُعرف أيضًا تقنيات التأثير والإقناع المستخدمة ضد إرادتهم باسم تكتيكات غسيل الدماغ، لأنها تتضمن تكتيكات مخادعة يستخدمها فرد أو مجموعة في محاولة لغسل دماغ شخص آخر. بينما يختبر الناس الإقناع كل يوم، عندما يصبح هذا تغييرًا قسريًا دون موافقة، فإنه يصبح غسيل دماغ ويبدأ استخدام تكتيكات علم النفس المظلم ضدهم، ويمكن أن يشمل ذلك أي عدد من التكتيكات المستخدمة ضد ضحاياهم من قبل أطراف مختلفة والتي تشمل:

العزلة ـ الخطوة الأولى لغسل الدماغ عادة ما تنطوي على عزل الضحية عن العائلة والأصدقاء. من خلال عزلهم تمامًا عن المجتمع، يريد المتلاعب ألا يكون لدى الضحية أي شخص يمكنه التحدث معه حول أساليب التلاعب الخاصة به؛ وإلا فإن سلطتهم ستتعرض للطعن من قبل أطراف ثالثة، مما يمنح خصمهم معلومات أكثر من مصادر مختلفة مما يمنحهم أنفسهم.

هجوم احترام الذات ـ عندما يتم عزل الضحايا، يجد المتلاعبون أنه من الأسهل تحطيمهم وإعادة بنائهم مرة أخرى وفقًا لرغباته. ومع ذلك، لكي يحدث غسيل دماغ ناجح، يجب أن يشعر الضحايا أولاً بالنقص تجاه المتلاعب، وهذا غالبًا ما يتضمن السخرية أو التخويف أو الاستهزاء من قبل الأخير مما يقلل من احترام الذات لدى الضحايا الذين يشعرون أنهم معرضون للخطر تمامًا قبل أن يصبحوا هم أنفسهم ضحايا.

الإساءة العقلية ـ غالبًا ما يستخدم المتلاعبون التعذيب النفسي من أجل غسل دماغ ضحاياهم، مثل قول الأكاذيب عنهم أمام الآخرين لجعلهم يبدون حمقى، بالإضافة إلى إزعاج ضحاياهم أو حرمانهم من أي مساحة شخصية حتى يشعرون بأنهم محاصرون بهم . .

الاعتداء الجسدي ـ يستخدم المتلاعبون أساليب جسدية مختلفة لإخضاع ضحاياهم والتأثير عليهم، بما في ذلك حرمانهم من الطعام أو الوصول إلى مصادر المياه.
غالبًا ما يسرق المتلاعبون ضحاياهم من النوم من خلال استخدام العنف ضدهم، وحرمانهم من الطعام، وإبقاء الغرفة باردة. قد يستخدم المتلاعب أيضًا طرقًا خفية لغسل دماغ ضحاياه؛ مثل الحفاظ على مستويات الضوضاء مرتفعة، أو وجود أضواء وامضة باستمرار، أو تغيير درجات حرارة الغرفة عمدًا.

الموسيقى المتكررة ـ وفقا للدراسات، فإن تشغيل الإيقاعات المتكررة يمكن أن يؤدي إلى حالة من التنويم المغناطيسي لدى الناس. يمكن للمتلاعب الذي يفهم هذه التقنية استخدام هذا التكتيك ضد ضحيته. يمكن لإيقاع الموسيقى أن يغير الوعي حتى يتمكن المتلاعب به من استخدام هذا التكتيك والتحدث مباشرة إلى عقلك الباطن   مما يدفع عقلك إلى الاستجابة فورًا باقتراحات جديدة، وبالتالي تغيير السلوك تلقائيًا.

يُسمح بالاتصال فقط مع الأفراد الآخرين الذين تعرضوا لغسيل دماغ ـ يسمح المتلاعب لضحيته فقط بالاتصال بضحايا آخرين لحملته التلاعبية، على أمل الضغط من أقرانه من الضحايا الآخرين لإقناع هدفهم بالخضوع لطريقة تفكيره الجديدة. يشعر الضحايا بالوحدة والعزلة، ويميلون إلى الاستجابة للاقتراحات التي يقدمها الآخرون حتى يشعروا بالقبول ويقلل من شعورهم بالوحدة.

نحن ضدهم ـ عندما يقدم المتلاعبون ديناميكية "نحن وهم"، يبدو كما لو أنهم يمنحون ضحيتهم خيارًا بين أنفسهم وبين الأعداء المتصورين؛ كل ذلك في محاولة لكسب الطاعة الكاملة منهم. بعد إظهار الجوانب السلبية للآخرين، يتوقع المتلاعبون من ضحيتهم أن يختاروا أنفسهم عليهم بدلاً من اختيار الآخرين على أنفسهم.

قصف الحب ـ بهذا التكتيك، يقوم المتلاعب بتقريب ضحيته من خلال إظهار المودة الجسدية من خلال اللمس، وتبادل الأفكار الحميمة، والترابط العاطفي وإظهار اللطف ـ يتم استخدام هذا التكتيك لإظهار التحقق من صحة ضحيته بأن الانضمام إلى مجموعته كان القرار الصحيح، ومحو أي عاطفة قد يشعرون بها تجاه أي شخص في الخارج.

نادراً ما يخدم غسيل الدماغ الصالح العام. يستخدم معظم المتلاعبين مثل هذه الأساليب من أجل السيطرة الكاملة والكاملة على ضحاياهم.
غسيل الدماغ يمكن أن يكون مدمرا لضحاياه. سرعان ما يفقدون أي إحساس بأنفسهم ويعيشون لإرضاء آسرهم؛ الأشياء البسيطة التي نعتبرها أمرًا مفروغًا منه، مثل اختيار ماذا ومتى نرتدي، تؤخذ من أخذ أي قرارات قد يتخذونها منهم ـ كل هذا حتى يشعر المتلاعب بعدم الجدارة والامتنان لأنه نال مصلحته.

الخطوة الأولى في تجنب غسيل الدماغ هي أن تكون على دراية بالتكتيكات التي يستخدمها المتلاعبون وسماتهم، حتى تتمكن من التعرف عندما يحاول شخص ما غسل دماغك أو شخص قريب منك. غسيل الدماغ هو شكل عدواني من أشكال علم النفس المظلم حيث يستخدم المتلاعب هذه التكتيكات لتحقيق مكاسب شخصية بينما يتجاهل مشاعر ضحاياه أو رفاهيتهم.

الآن بعد أن فهمت جميع الطرق التي تسبب بها الآخرون في إيذاء نفسك، فقد حان الوقت لتسخير هذه المعرفة واستخدامها في الخير. بغض النظر عما كنت تعتقده في الماضي بشأن دماغك وقدراتك، فأنت تدرك الآن أنك تمتلك قوة مذهلة مُنحت لك عند الولادة ـ وهي قدرات قد يتم أو لا يتم استخدامها بسهولة. قد يواجه البعض صعوبة في التعرف على هويتهم الحقيقية وأهدافهم في الحياة، ولا بأس بذلك تمامًا؛ إن المحاولة جاهدة يمكن أن تحد من تفكيرنا وتمنع ظهور رؤى جديدة. بغض النظر عما جعلك الآخرون تشعر به في الماضي، فإن أفعالهم لا تحدد من أنت اليوم. خذ الدروس من تاريخك مع الحفاظ على وفائك لمن ومن أين أتيت. تخلص من أي أذى شعرت به حتى تتمكن من البدء في الشفاء والتحرك في اتجاه أكثر إيجابية.

تأكد من أنك تقضي وقتًا كافيًا في التعرف على الأشخاص جيدًا، دون وضع افتراضات بشأنهم. كلما فهمت من هم الأشخاص حقًا في جوهرهم، سيكون من الأسهل عليك أن يكون لك تأثير إيجابي عليهم. حتى عند الشعور بالضياع والارتباك، فإن البحث في الداخل أو الخارج قد يكشف عن حقائق ذات معنى أكبر؛ عند وضع الافتراضات أو تصنيف الأشخاص بسرعة كبيرة جدًا، لن يؤدي إلا إلى الحد من قدرتك على النمو وفهم العالم بشكل أفضل.

التواصل سيكون المفتاح. على الرغم من أن الأمر قد يكون مخيفًا وصعبًا، إلا أن قول الحقيقة سيكون مفيدًا في النهاية في إيجاد حلول للمشاكل بشكل أكثر كفاءة.
في نهاية اليوم، التحدث علنًا ومشاركة الحقيقة سيجعلك تشعر بتحسن كبير ـ ستستفيد أنت والآخرون من سماع ما يدور في ذهنك وقلبك. لا تحاول الإقناع بطرق أخرى غير التواصل. لا تحجب شيئًا عن أي شخص قد يحتاج إلى شيء؛ إن التلاعب بالآخرين بهذه الطريقة لن يقترب من تحقيق تغيير دائم مقارنة بالتحدث عن الأشياء من خلال الحوار والتحدث مع فرد آخر.

الآن هو الوقت المناسب للاستفادة من كل الألم الذي عانيت منه. لقد أدى كل شيء إلى ما أنت عليه اليوم. لقد مرت أحلك اللحظات التي بدت وكأنها لا تنتهي، وكل تلك الأوقات التي لم تكن تريد فيها شيئًا سوى الهروب أوصلتك إلى ما أنت عليه اليوم. على الرغم من أنك قد لا ترغب أبدًا في تكرار هذه التجارب مرة أخرى، تعلم أن تكون شاكرًا لها، لأنه بدونها، من المحتمل أن يبدو مستقبلك مختلفًا جدًا وأقل فائدة للآخرين.
الآن هو الوقت المناسب لفعل ما تريده أكثر من أي شيء آخر ـ التأثير على الآخرين! في مجتمع اليوم، يعد الإقناع أمرًا أساسيًا، والفشل في إقناع أفراد معينين يمكن أن يمنعك من تحقيق الأشياء التي ترغب فيها حقًا في هذه الحياة. لذلك، فإن التعرف على من تريد إقناعه أمر بالغ الأهمية ـ سواء كان ذلك إقناع زوجك بأنك مستعد لإنجاب الأطفال، أو إقناع فريق مبيعات كامل مكون من 100 عضو بأهمية بذل المزيد من الجهد لزيادة المبيعات؛ يبدأ فهمهم بالتعرف على هويتهم وأسلوب عملهم قبل التعامل معهم مباشرة وتجربتهم شخصيًا!

في هذه المرحلة، من الضروري أولاً أن تفهم خلفيتهم: العمر والهوية الجنسية والموقع مجرد أسئلة قليلة يجب الانتباه إليها عند بناء استراتيجيات الإقناع التي تناسب اهتماماتك. ومن خلال الإجابة على مثل هذه الاستفسارات بدقة، يصبح تشكيل استراتيجيات الإقناع أسهل بكثير.

ستلعب بعض الاختلافات دورًا أساسيًا في هذه الحالة. على سبيل المثال، يختلف التواصل مع صديقك البالغ من العمر 18 عامًا مقابل 20 دولارًا بشكل كبير عن مطالبة جدتك البالغة من العمر 80 عامًا بنفس الشيء.

لإقناع الناس بشكل فعال، من المهم أن تفهم ما يميزهم بشكل عام وخصائصهم الفردية الفريدة مثل تلك التي تشكل سماتهم الشخصية.

بمجرد أن تفهم اهتماماتهم وما يجعلهم سعداء، يجب أن تكون الخطوة التالية هي تقييم ما يمكن أن يشجع المبيعات إذا لزم الأمر ـ مثل الخصومات أو الهدايا المجانية أو المكافآت الأخرى لكونهم عملاء. بمجرد فهم ما يعجبهم وما لا يعجبهم، يجب أن تكون الخطوة التالية هي تحديد الأشياء التي لا تعجبهم ـ مثل فترات الإرجاع الطويلة بعد شراء شيء ما، أو الرسوم المخفية أو عدم القدرة على تخصيص منتجاتهم. بمجرد تحديدها، يصبح التصرف وفقًا لذلك أمرًا بسيطًا؛ كلما أساء إليهم شيء قدم لهم ما يحلو لهم ما كحل؛ على الرغم من أن هذا يبدو واضحًا فإن الكثير ممن يحاولون التأثير على الآخرين سوف يتجاهلون هذه الخطوة.

أخيرًا، تأكد من أنك على دراية بكيفية تواصل الآخرين. من خلال فهم هذه الديناميكية، سيصبح من الأسهل بكثير التأكد من أنك تعبر عن الأشياء بنفس الطريقة معهم. استمع دائمًا إلى ما يقوله الشخص الآخر ووفر له منصة للتحدث. انتبه ليس فقط إلى الكلمات التي يستخدمونها، بل أيضًا إلى وجوههم أثناء مشاركة المعلومات معك. إذا شعر شخص ما بأنه يتم تجاهله، فمن الممكن أن يبتعد، ومن غير المرجح أن يتم إقناعه على المدى الطويل ـ سيستكشف القسم التالي هذا الموضوع بشكل أكبر وأفضل السبل التي يمكنك من خلالها تعزيز التفاعلات الصحية في الحياة.
فهم أساسيات الاتصال

يمكن أن يشكل التواصل تحديًا لنا جميعًا. للوهلة الأولى قد يبدو الأمر سهلاً ـ فقط افتح فمك وابدأ في التحدث ـ ولكن يجد الكثيرون أنفسهم يكافحون للتعبير عن ما يشعرون به بالكلمات وحدها، على الرغم من أنهم قد يختبرون ذلك بأنفسهم. ولكن كلما أصبح التواصل أكثر فعالية في الحياة، أصبحت الحياة أسهل وأكثر سعادة. وستكون النتائج الناتجة.

لتحسين مهارات الاتصال لديك، تذكر أن تحسينها يتطلب الممارسة. لا توجد حبة سحرية أو طريقة سرية للتحسين الفوري ـ لكي تصبح أفضل، يجب عليك التفاعل باستمرار مع الآخرين من خلال المحادثات ـ سواء مع خبراء صناعة القهوة في المقاهي أو الغرباء في محطات الحافلات، فإن بدء محادثات صغيرة هو الأفضل عند البدء ـ لا تفعل ذلك ومع ذلك، لا تزعج الآخرين، ما عليك سوى البحث عن طرق يمكنك من خلالها التعبير عن صوتك بما يتجاوز قول المعيار "كيف حالك؟".

تأكد من أنك توصل مشاعرك لنفسك بشكل فعال. حتى عندما نكون بمفردنا، أحيانًا ما تكون عواطفنا غير منطقية تمامًا بالنسبة لنا. إذا لزم الأمر، ابدأ في تدوين مشاعرك يوميًا؛ كلما تمكنت من حل هذه المشاعر بنفسك من خلال تدوين المشاعر التي تنشأ، أصبح من الأسهل إدارتها بنفسك ومشاركتها بفعالية مع الآخرين.

عند البدء في إقناع الآخرين، كن حذرًا من كلماتك. لا تجبر أي شخص على فعل أي شيء أو تضعه في مواقف يشعر فيها بالعجز عن إيقاف نفسه، وتجنب عبارات مثل "يجب أن تفعل هذا". لا أحد يحب أن يقال له إما يجب القيام به
قد يبدو التحدث أولاً عن نفسك غير بديهي، لكن الناس سوف يستجيبون بشكل أكثر إيجابية من خلال التقاط الأمثلة بدلاً من سماعك تملي سلوكهم مباشرة. على سبيل المثال، لنفترض أنك تريد إقناع زوجتك بالبدء في الاستيقاظ مبكرًا لتقليل التوتر الناتج عن التأخر كل صباح؛ بدلاً من قول شيء مثل، "يجب أن تستيقظ مبكرًا،" يمكنك بدلاً من ذلك أن تقول: "من خلال البدء مبكرًا، وجدت أنه من خلال تقليل التوتر أثناء وقت

التنقل في الصباح من خلال الاستيقاظ مبكرًا، فقد أدى ذلك إلى انخفاض مستويات التوتر لدي بشكل كبير
"وساعد في تقليل ضغوطي الصباحية قبل العمل

إن السماح للآخرين بالاعتقاد بأن فكرتك هي فكرتهم سيضمن قدرًا أكبر من مصداقية الإقناع؛ يحب الناس أن
يشعروا أنهم توصلوا إلى هذا الأمر بأنفسهم بدلاً من إجبارهم على قبول شيء ضد إرادتهم. اسمح لهم بالعمل
على ذلك بأنفسهم حتى يتمكنوا من تقييم فوائده وعيوبه بأنفسهم ـ وبهذه الطريقة ستخلق إقناعًا أكثر فعالية بدلاً
.من فرض شيء ما عليهم

بعد ذلك، انتبه بشكل خاص إلى نبرة صوتك ولغة جسدك، مما يخلق بيئة يشعرون فيها بالراحة عندما يكونون
حولك. إظهار اللطف والحب والرحمة سيسمح لهم بالتواصل بشكل أفضل معك؛ لا تشعر بالضغط تجاه
استراتيجيات التواصل الصارمة والقاسية فقط حتى يفعل الناس ما تريد ـ بدلاً من ذلك حاول أن تكون لطيفًا
!ولطيفًا وسيستجيبون بشكل أفضل

أخيرًا، تأكد من أنك تعامل الأشخاص الذين تحاول التأثير عليهم باحترام. لا تجعلهم يشعرون بالخجل أو
الإحراج من حولك إذا قالوا شيئًا سخيفًا؛ قم ببناءهم بدلاً من ذلك وسوف يبادلون هذا النوع من اللطف في
.المقابل
كيفية تحويل التلاعب السلبي إلى الإقناع الإيجابي

الآن يجب أن تكون خبيرًا في علم النفس الأساسي! كل شيء يبدأ في أذهاننا ويظهر بشكل مختلف لكل فرد.
من أجل تحقيق ما تريده حقًا في هذه الحياة، من المهم أن تبدأ في التعرف على الآخرين وكيفية عمل عقولهم؛
.وإلا فإنك تخاطر بالتعرض لأضرار لا يمكن إصلاحها في الوقت المناسب

خذ جميع تقنيات التلاعب التي تعلمتها في الماضي واستخدمها الآن للأبد. تعلم من تجاربك السلبية حتى تتمكن
من استخدامها كتجارب تعليمية حول كيفية عدم التعامل مع الآخرين. من أجل تحويل التلاعب السلبي إلى
الإقناع الإيجابي، ابدأ بامتلاك نوايا حسنة وراء ما تريد أن يوافق عليه الآخرون ـ يجب أن يكون الشيء
المتبادل المنفعة بين الطرفين هو الهدف النهائي لأي مفاوضات بينكما. استمع بعناية عند التحدث مع الأفراد
الآخرين فيما يتعلق باحتياجاتهم حتى تتمكن من التوصل إلى اتفاق حيث يمكن لكل منهما الحصول على فوائد
إيجابية في المقابل من كلا الطرفين المعنيين ـ وبهذه الطريقة يفوز الطرفان من حيث الفوائد الإيجابية في
!وقت واحد

تأكد من إعطاء الأولوية لتلبية احتياجات الآخرين على احتياجاتك الخاصة. بالطبع، الاهتمام بنفسك أولًا أمر
.مهم، لكن عدم إدراك ما يشعر به الآخرون لن يخدم أي شخص جيدًا على المدى الطويل

المؤثرون هم القادة. إذا كانت لديك أفكار جيدة ترغب في نقلها إلى الآخرين وترغب في أن يستفيدوا مما
.تعرفه، فمن الضروري أن تقوم بتطوير وصقل قدراتك القيادية الإيجابية

لا ينبغي أن يُنظر إلى الآخرين على أنهم أدوات بيدك وحدك. يمكن للآخرين المساعدة، ولكن يجب عليك
مساعدتهم أيضًا. يعرف القائد العظيم كيفية تحفيز الآخرين دون فرض إرادتهم؛ وبعبارة أخرى، تقديم شيء
مفيد في المقابل. بينما قد تجد شخصًا يرغب في مساعدتك في تحقيق أحلامك، كن حذرًا من أن القيام بذلك لن
.يأتي دون أي تكلفة أو فائدة له أو لك

يجب أن تكون معتقداتك أيضًا جزءًا من هذه الرحلة إذا كنت ترغب في تحقيق أي شيء مهم في الحياة. اصطفوا وركزوا حول هذا النظام، ونجاحكم مؤكد!

تأكد من استخدام لغة شاملة عند التحدث إلى الآخرين، باستخدام لغة "نحن" والثقة عند القيام بذلك. ومن المرجح أن يعيروا المزيد من الاهتمام عند إدراجهم كجزء من هذه العملية بأنفسهم.

في هذه المرحلة من تطورك، العنصر الأساسي هو امتلاك عقلية النمو. إن الحد من أفكارنا يؤدي إلى إدراكنا لإمكانات أقل في الحياة، لذا احرص على متابعة الدراسات المتعلقة بالإقناع والتلاعب وعلم النفس بشكل عام وكذلك الاشتراك في النشرات الإخبارية أو المجلات التي تتناول الدماغ البشري من أجل الحصول على نظرة أعمق إليه. أعمالها

تحقق بانتظام مع صحتك. قد يؤدي الفشل في الاهتمام بجميع جوانب نفسك إلى الإضرار بشكل خطير بعمل عقلك مع تقدمنا في السن، لذا فقد حان الوقت للتأكد من إعداد عقولنا وفقًا لذلك. تدرب على الحفاظ على منظور منفتح والاستماع عن كثب عند التواصل مع الآخرين؛ استمر في التعلم لأنه كلما زادت المعرفة التي تجمعها، كلما كان هناك المزيد لاكتشافه.

لا تستخدم أبدًا العدوان والإقناع أيضًا. في حين أن الخوف قد يعمل على دفع الناس إلى فعل ما تريد بشكل مؤقت، إلا أنه لا ينبغي أبدًا اكتساب الاحترام على المدى الطويل من خلال الأساليب المخيفة وحدها. أظهر تعاطفك وافهم الآخرين بشكل كامل حتى يستمعوا باهتمام أكبر عند مشاركة ما يدور في أذهانهم.

خاتمة

عند تحليل شخص آخر، لغة الجسد هي المفتاح. هل هم طويلون أم يتراجعون؟ إن مراقبة عيون شخص ما ووجهه وذراعيه يمكن أن تكشف الكثير عن هويته الحقيقية ـ على سبيل المثال، يمكنك ملاحظة أن الشخص الذي يبدو واثقًا من نفسه قد يعاني بالفعل من القلق إذا بدأت في الاهتمام به. يمكنك أيضًا اكتشاف أن شخصًا إتثق به كان يكذب عليك

إن معرفة ما يميز شخص ما عن الآخرين وفهم سبب تصرفه بطريقة معينة قد يكون أمرًا صعبًا، ولكنك ستبدأ في النهاية في اكتساب المزيد من المعرفة حول سبب تصرف شخص ما بهذه الطريقة. على الرغم من أنه لن يتم فهم شخصين بشكل كامل على الإطلاق، إلا أنه يمكنك على الأقل البدء في الحصول على لمحة عن سبب تصرف البعض بهذه الطريقة.

بمجرد أن تتمكن من تحليل شخص ما بنجاح، يجب أن تكون الخطوة التالية هي إقناعه بوجهات نظرك أو مطالبك. الإقناع هو المفتاح عند محاولة الحصول على ما تريده من الحياة أو على الأقل تستحقه من الآخرين؛ تمامًا كما ناقشنا في الكتاب الأول، فإن القراءة لن تفعل شيئًا دون اتخاذ إجراء ـ على الرغم من أن إدراك نفسك قد يكون أمرًا شاقًا في البداية، إلا أن هذه الخطوة ضرورية لتصبح واعيًا بالآخرين من حولك وتصبح متواصلاً فعالاً.

غالبًا ما يتبع الناس الآخرين بشكل أعمى دون التعمق في أنفسهم وتحدي أفكارهم وبذل جهد صادق للقيام بذلك. في حين أن هذا قد يكون تحديًا للوهلة الأولى، فمن المهم أن نستكشف نفسيتنا من أجل أن نعيش حياة أكثر سعادة وصحة.

ذكّر نفسك أنه لا يزال من الصحي والطبيعي السماح للآخرين بالتأثير عليك! فكر في جميع القادة العظماء حول العالم الذين ربما ألهموا الآخرين من خلال إلهام العاطفة والتحفيز الإيجابي لدى من يقودونهم ـ لقد فعل الكثير منهم هذا بالضبط مع وضعك في الاعتبار! لا يقع اللوم على أحد إذا استسلم لتأثير الآخرين؛ ما سيحدث فرقًا الآن هو ما إذا كان هذا التأثير يأتي في شكل إلهام إيجابي ورفيع بدلاً من التلاعب من شخص يسعى إلى إيذائك.

أثناء تنقلك في الحياة، ضع هذا في اعتبارك كهدف رئيسي: استخدم عقلك دائمًا من أجل الخير! على الرغم من أن هذا قد يكون صعبًا في بعض الأحيان، إلا أن القيام بذلك هو الحل الأفضل دائمًا. حتى عندما يتم التلاعب بك بسهولة من قبل شخص آخر، لا تستغل مثل هذه الفرص للتلاعب بشخص ما. في حين أن هذا قد يبدو وكأنه خطأهم لعدم كونهم أكثر وعيًا، فلا تفترض ذلك أبدًا؛ لقد جرب بعض الأفراد أشياء جعلت التحرر من الأنماط القديمة أكثر صعوبة وإيجاد حلول صحية للتعامل مع المشاعر والأفكار.

ساعد الآخرين دائمًا، ولا تؤذيهم. حتى أولئك الذين ربما ظلموك في الماضي لا ينبغي أن يصبحوا أهدافًا لغضبك؛ استخدم ذكائك من أجل الخير، وساعد في جعل العالم مكانًا أفضل بتأثير صحي، وسوف تكتشف قريبًا أن كل ما تريده سيأتي في طريقك.

مكافأة الفصل

كل النجاح يبدأ بالعقل

يمكن للمحلل أو القارئ الفردي أن يفك رموز شخصية الفرد بسرعة من خلال سمات مختلفة، بما في ذلك ما يفعله في أوقات فراغه. على سبيل المثال، المشاركة في الحملات المجتمعية، والأنشطة التطوعية، والمساهمة في مبادرات الكنيسة يمكن أن تكشف عن أنهم خيريون. من ناحية أخرى، فإن الاحتفال بلا نهاية أو مشاهدة التلفزيون يمكن أن يشير إلى انخفاض الطموح والإشباع الفوري. فحتى العادات التي تبدو تافهة تكشف الكثير عن حقيقة الأشخاص.
كيف يؤثر علم النفس على حياتنا

يختلف علماء النفس حول ما إذا كان سلوكنا يتحدد فقط بالوراثة أم بالوراثة؛ ويعتبر البعض الآخر أن تجاربنا منذ الولادة هي من المساهمين الرئيسيين. يعتقد البعض الآخر أن بيئتنا المباشرة أو تجاربنا تشكل سلوكنا ـ على سبيل المثال، إذا تعرض شخص ما لإساءة مستمرة، فقد يتغير سلوكه نتيجة لذلك. على سبيل المثال، إذا تعرض شخص ما للإساءة باستمرار، فقد تتغير سلوكياته وفقًا لذلك؛ عندما يكبرون ويعانون من التهميش والعنصرية بسبب طبقتهم أو عرقهم، قد يحتقرون الأشخاص الأكثر ثراءً أو الأجناس التي تبدو متفوقة بينما يتعاطفون مع المضطهدين.

وبالمثل، فإن الأطفال الذين يتعرضون للتنمر المستمر أو الإساءة أو الإيذاء كأطفال قد يكبرون ليصبحوا هم أنفسهم متنمرين. من المحتمل أن تكون نظرتهم وقيمهم وشخصيتهم ومواقفهم قد تشكلت من خلال تجارب العنف وسوء المعاملة المبكرة في الحياة المبكرة.

هل قابلت أشخاصًا يبدون عازمين على قراءة شخصيتهم من خلال علامات الأبراج أو علم التنجيم؟ ألا يدل هذا على تدني الوعي الذاتي والفهم؟ على سبيل المثال، يميل الناس إلى الانجذاب نحو الأشياء التي يفتقرون إليها كثيرًا؛ قد يصبح الشخص المحروم من الاهتمام الأبوي الكافي في مرحلة الطفولة المبكرة أو سنوات المراهقة شخصًا يستمتع بالدراما واستراتيجيات البحث عن الاهتمام في مرحلة البلوغ، وربما يصبح دراميًا ومبهجًا بشكل متزايد بمرور الوقت.

يجب أن يظل محللو الأشخاص متيقظين للإشارات الدقيقة التي قد تكشف هوية الشخص حقًا. هناك الكثير من العلامات التي يمكن العثور عليها من حولنا؛ كل ما عليك فعله كمحلل هو أن تراقب.
نحن

يمكن تقسيم عقلنا إلى ثلاث طبقات متميزة ـ العقل الواعي، والعقل الباطن، والعقل اللاواعي. في حين أن الوعي الواعي يشمل الأفكار والأفعال والتعلم والخبرات من الوعي الواعي وحده، فإن العقل الباطن واللاواعي عبارة عن عوالم داخل العقل قد تحتوي على معلومات لا ندرك وجودها؛ من خلال الوعي بالعقل الواعي، نكتسب وعيًا بجميع التصورات أو المشاعر أو المفاهيم أو الأفكار التي تم جمعها من بيئتنا المباشرة والتي قد تظل غير مرئية أو غير معروفة بالنسبة لنا.

ومع ذلك، عندما يتعلق الأمر بعقولنا اللاواعية واللاواعية، فعادةً ما يكون لدينا وعي محدود للغاية بجميع أفكارهم وأفكارهم ومفاهيمهم والمعلومات المخزنة هناك. إن عقلنا الواعي لا يُظهر سوى جزء من تعقيده؛ هناك طبقات متعددة تحت سطحها تؤثر على شخصيتنا وسلوكنا دون وعينا.

ابدأ بنفسك إذا كنت تريد أن تصبح محللًا فعالاً للأشخاص. قم بتقييم مدى معرفتك أو مدى فهمك لنفسك أو لشخصيتك أو أنماط سلوكك، بما في ذلك أي محفزات تدفع سلوكياتك ـ ما هي المعتقدات أو المخاوف أو المحفزات أو القيم التي يمكن أن تدفع مثل هذا السلوك؟

بمجرد أن تفهم نفسك والشخصيات والسلوكيات المختلفة، ابدأ في استكشاف سلوكيات وسلوكيات الأصدقاء المقربين وأفراد الأسرة. بعد الانتهاء من هذه الخطوة، حاول فهم الغرباء مثل أولئك الذين تراهم أثناء الانتظار في عيادات الطبيب أو المطارات وكذلك الأشخاص الذين تقابلهم لأول مرة في الحفلات أو أثناء التفاعلات اليومية ـ استمر في ممارسة هذه المهارة حتى تصبح طبيعية وتستطيع القراءة الناس بسرعة وفعالية مثل إخبير!

العواطف والسلوك البشري

العواطف هي تجارب عابرة لدينا كجزء من النشاط العقلي. في حين أن العواطف قد تبدو عقلانية أو منطقية في البداية، إلا أن ردود أفعالنا تظل عاطفية أحيانًا على الرغم من وجود أدلة ضد تعرض الصديق للتهديد أو الاتهام. على سبيل المثال، حتى عندما يتم تقديم أدلة على ارتكابهم مخالفات.
حتى عندما يخوننا شخص ما خلف ظهورنا، فإننا نبقى مخلصين ونثق به أكثر.

كبشر، نحن نميل إلى التصرف بناءً على الاندفاع بدلاً من التفكير. تتأثر سلوكيات الناس بشكل كبير بالعواطف. إن فهمهم يمنحنا القدرة على فهم أفعالهم وسماتهم الشخصية وأنماطهم السلوكية والتنبؤ بها.
النظريات النفسية
التكييف الكلاسيكي هو نظرية نفسية منتشرة على نطاق واسع يتعلم فيها الأفراد من خلال ربط سلوكيات معينة بالمكافآت أو المعززات، مثل الحلوى. غالبًا ما يتم استخدام نفس المبدأ عند تدريب الحيوانات ـ على سبيل المثال عند مكافأة كلبك بالمكافآت في كل مرة يستعيد فيها الكرة! حتمًا، سوف يصبح الجلب مرتبطًا بمعاملة حيوانك الأليف؛ يتعلم في النهاية أن الجلب ضروري إذا كان يريد الحصول على مكافأة!

يلعب التكييف الكلاسيكي دورًا كبيرًا في حياتنا كبشر. منذ الولادة، نربط البكاء بالتغذية والحفاظ على النظافة؛ للدراسة باستمرار للحصول على درجات جيدة في المدرسة. يؤثر التكييف الكلاسيكي على كل جانب من جوانب الحياة ـ يتعلم الأطفال أن البكاء يعني أنهم سيحصلون على الطعام أو التنظيف؛ يكتشف الطلاب أن الدراسة بجد تؤدي إلى درجات جيدة. لذلك، يظل التكييف الكلاسيكي مؤثرًا طوال الحياة: فنحن كأفراد نتعلم كيفية الاستجابة لمحفزات معينة بطرق معينة ـ مما يشكل أحد المحددات الرئيسية عندما يتعلق الأمر بتحليل السلوك.

سلوك الإنسان وعلم وظائف الأعضاء.

تشير الدراسات إلى أن الأشخاص يظهرون ردود فعل جسدية محددة للمحفزات التي يمكن استخدامها كمؤشرات عندما يتعلق الأمر بتحليلها. يستخدم علماء النفس الجنائي عادة هذا المبدأ في فهم علم النفس الإجرامي وما يحفز المجرمين على ارتكاب الجرائم؛ يحاول محققو تكنولوجيا القياسات الحيوية التأكد مما إذا كانت الأفكار المشبوهة تتوافق مع الأفعال.

تعتبر التقنيات النفسية والفسيولوجية مجتمعة أدوات قوية للكشف عن دوافع السلوك البشري. تظهر أجسامنا ردود فعل فسيولوجية محددة عندما ينخرط شخص ما في الخداع أو الأكاذيب، مثل توسع حدقة العين أو العرق أو غيرها من المؤشرات التي قد تكون مضللة أو كاذبة.

يزداد معدل ضربات القلب، ويزيد الخفقان، ويزداد التعرق، ويحدث ارتعاش أصابع القدم في كثير من الأحيان عند الشعور بالتهديد أو عدم الراحة. قد يوفر تحليل الأشخاص باستخدام الأدلة الفسيولوجية أو غير اللفظية تحليلًا أكثر دقة؛ ومع ذلك، كما هو الحال مع جميع أشكال التحليل، لا يمكن الاعتماد عليه بنسبة 100%.

ومع ذلك، ليست كل أشكال الاتصال لديها القدرة على إقناع الناس، حيث أن بعضها قد يعمل ببساطة على الترفيه أو تقديم المعلومات. يمكن أيضًا استخدام الإقناع كوسيلة بغيضة للتلاعب بالآخرين؛ إن محاولة إقناع الآخرين قد تعتبر سلوكًا مثيرًا للاشمئزاز. وينبغي تمييز الإقناع عن التواصل لأن سببه يؤدي إلى تغيرات في التغيرات السلوكية كتأثير أو استجابة.

وسنستكشف هنا المراحل التي يمر بها الإنسان عند الإقناع. الأول هو التواصل حيث يهتم المتلقي بالمحتوى المقدم. سيحاول هو أو هي بعد ذلك فهم جميع جوانب الاتصال ككل، بما في ذلك محاولة فهم ما يحاول المتحدث نقله. يتضمن ذلك فهم الاستنتاجات التي يقترحها المتحدث بالإضافة إلى أي دليل قد يدعم هذا الاستنتاج. يحدث الإقناع عندما يقبل الفرد أو يوافق على ما يتم تقديمه ويحتفظ بهذا الاهتمام لفترة كافية للتصرف بناءً عليه. الهدف الأساسي من الإقناع هو أن يتبنى فرد أو مجموعة من الأشخاص مواقف جديدة، مثل تبديل العلامات التجارية للحبوب بسبب المعلومات الجديدة المقدمة أو تغيير المعتقدات الدينية.
نظريات التكييف التكييف هو أحد المفاهيم الأساسية في الإقناع. يسعى التكييف إلى إقناع شخص ما بشيء ما بمفرده بدلاً من إعطاء تعليمات مباشرة مثل الطاعة.

يتم استخدام التكييف على نطاق واسع من قبل المعلنين في الإعلانات لإنشاء ارتباطات إيجابية بين علامتهم التجارية أو شعارهم والمشاعر الإيجابية. تلجأ الشركات إلى الإعلانات التجارية التي تشجع المشاهدين على الضحك أو الشعور بالعاطفة أو استخدام الموسيقى والصور السعيدة؛ بمجرد انتهاء هذه الإعلانات التجارية، فإنها تكشف عن شعار العلامة التجارية على أمل أن ترتبط هذه المشاعر بمنتجهم أو خدمتهم.
نظرية التلقيح غالبًا ما يمكن ملاحظة نظرية التلقيح في الإعلانات المقارنة. ووفقاً لهذا المفهوم، فإن لدى أحد الطرفين حججاً ضعيفة قد تؤدي إلى تقليل مصداقيته، وبالتالي يجعل جمهوره يختار بدلاً من ذلك حجج الطرف الآخر المتفوقة.
رواية نظرية النقل.

تفترض نظرية النقل السردي أن مواقف الناس يمكن أن تتغير عندما ينغمسون في القصص. ويسعى إلى إظهار القوة المقنعة للقصص من خلال توضيح متى قد يختبر الأفراد النقل السردي بسبب استيفاء شروط مسبقة مختلفة؛ علاوة على ذلك، يحدث النقل السردي عند الاستماع إلى روايات تثير مشاعر معينة مثل التعاطف مع شخصياتها.
مقتطف من: "كيفية تحليل الأشخاص ولغة الجسد للمبتدئين. اكتساب نظرة ثاقبة لأسرار الجسد والدماغ لاكتساب مهارات تواصل غير عادية من خلال البرمجة اللغوية العصبية".

النهاية

تخضع التعديلات والتخطيط لهذه النسخة المطبوعة لحقوق الطبع والنشر © 2023
بواسطة أنا جي ناياك